KB043423

야누시 코르차크
아이들을 편한 길이 아닌 아름다운 길로 이끌기를

세계 교육석학에게 배운다 3

야누시 코르차크

아이들을 편한 길이 아닌 아름다운 길로 이끌기를

최민혜 지음

한울림

코르차크에게서 배우는
교육자의 길

나는 평생 배우고 가르치는 일을 해오고 있다. 공교육 12년, 대학 4년, 대학원 2년을 학생의 신분으로 살았고, 20여 년 동안 초등교사로 아이들을 가르쳤다. 육아 휴직 때도 학부모회 임원으로 학교에 드나들었으니 평생 학교에서 살았다고 해도 과언이 아니다. 오랫동안 학교생활을 해오고 있지만, 여전히 아이들을 가르치는 일은 쉽지 않다.

초임교사 때야 어리숙하고 서툰 게 당연하지만, 어느 정도 경력이 쌓이고 나면 아이들을 가르치는 일에 비법이 생기고 자신감이 붙을 줄로만 알았다. 그런데 아니었다. 한 해 동안 눈에 띌 만큼 변화를 보이는 아이들이 기대만큼 많지 않으니, 아이들을 잘 가르치고 있는지 확신이 들지 않았다. 뚜렷한 방향을 잡지 못한 채 시간이 갈수록 '잘 가르치는 것'에 대한 갈증만 깊어졌다. 그런 내게 교육자로서 전환점을 가져다준 사람이 있으니, 바로 야누시 코르차크(Janusz Korczak)이다.

빈곤한 아이들을 위한 공화국을 세운 요한 페스탈로치(Johann Pestalozzi)에 비견되는 코르차크는 길 위의 아이들을 돌보는 데 평생을 바쳤다. 그가 글을 쓰고, 의학을 공부한 것도 부모에게 버림받거나 제대로 보호받지 못하는 아이들을 돕기 위해서였다. 보육원을 맡아 운영할 때도 단순히 아이들을 보살피는 데에서 그치지 않고, 사랑과 존중이 가득한 교육을 다양한 방법으로 실현했다. 그 당시로서는 놀라울 만큼 혁신적이었던 어린이 의회, 어린이 법정, 어린이 신문 같은 교육적 시도는 한 세기가 지난 지금에도 전혀 어색하지 않다.

코르차크의 삶과 철학을 전체적으로 살펴보려면 오랜 연구가 필요하다. 그가 남긴 작품 수도 많은 데다가 그를 다룬 책과 논문, 영화, 다큐멘터리 등 자료가 방대하기 때문이다. 나 역시 10년 넘게 코르차크를 연구하면서 영어, 독일어, 폴란드어로 된 도서와 자료들을 수집했고, 그중에는 1967년에 출판된 중고 도서부터 올해 나온 신간까지 있다. 관련 자료를 공부하며 그가 남긴 발자취를 온전히 따라가는 것도 의미 있는 일이겠으나, 우리가 이 책을 통해 조명할 것은 교육자로서의 코르차크이다. 따라서 코르차크 교육을 이해하기 위해 그의 교육사상을 세 가지 범주로 분류하고, 그에 따른 교육적 실천을 여섯 가지 키워드 중심으로 살펴보고자 한다.

모름지기 코르차크는 교육자라면 다음과 같은 세 가지 자격을 갖춰야 한다고 여겼다.

첫째, 교육자는 아이와 사귀는 사람이다.

둘째, 교육자는 아이를 잘 아는 사람이다.

셋째, 교육자는 아이에게 호의적으로 남는 사람이다.

그러면서 교육자가 가져야 할 덕목으로 '공감'과 '대화', '관찰'과 '기록', '동행'과 '존중'을 제시한다. 다시 말해 아이와 친밀한 관계를 형성하려면 아이와 '대화'를 나누고, 아이의 마음에 '공감'해주고, 아이를 잘 알기 위해 아이의 말과 행동을 세밀하게 '관찰'하고, 이를 '기록'하고, 그 어떤 상황에도 아이와 '동행'하며 아이를 있는 그대로 '존중'해 주면서 아이에게 호의적인 사람으로 남는 것을 교육자의 역할이라 본 것이다.

이런 코르차크의 교육은 학교든 가정이든 아이를 가르치는 사람으로서 어떤 생각과 태도로 아이들을 대해야 하는지 우리에게 분명한 가르침을 준다. 그의 가르침이 더욱 특별한 것은 수십 년 동안 수많은 아이를 돌보면서 겪은 어려움과 시행착오 끝에 나온 값진 결과물이기 때문이다.

아이들을 편한 길이 아니라 아름다운 길로 이끌기를 기도했던 교육자, 야누시 코르차크. 이 책을 통해 코르차크를 처음 만나는 분도 있을 것이고, 코르차크에 대해 새롭게 알게 된 분도 있을 것이다. 책을 접한 경로야 어떻든지 간에 아이들을 마주하는 일이 버겁고, 아이를 어떻게 대해야 할지 고민인 모든 분께 코르차크의 가르침이 도움이 되길 바란다.

끝으로 나무를 심는 마음으로 '세계 교육석학에게 배운다' 시리즈를 한 권 한 권 펴내고 있는 도서출판 한울림에 감사를 드린다. 덕분에 코르차크를 알리는 데 작은 도움이 된 것 같아 기쁘다. 아울러 대학원에서 코르차크를 연구할 수 있게 지도해 주신 정광순 교수님과 이 책에 실린 '교육자의 기도'를 번역해 주신 김사라 님께도 고맙다는 말씀을 드린다. 그리고 일하며 글을 쓰는 아내와 엄마를 격려하고 도와준 우리 가족에게도 고맙고 사랑한다는 말을 전한다.

최민혜

일러두기

1. 인용문은 저자가 소장한 책을 기준으로 옮겨 실었다. 단 오래전에 출간된 책의 경우 현재 한글맞춤법에 따라 표기법과 띄어쓰기를 수정했다.

2. 외국 인명과 지명은 국립국어원 외래어 표기법과 용례를 따랐다. 단 널리 쓰여 굳어진 인명의 경우 통용되는 표기를 사용했다.

3. 이 책에 등장하는 한국 학생들의 이름은 모두 가명이며, 일부 정보를 바꾸었다.

차례

코르차크에게서 배우는 교육자의 길   4

◆ 코르차크의 삶과 철학   15

◆ 교육자는 아이와 사귀는 사람이다   35

    |공감| 모든 눈물은 짜다   38

    |대화| 비밀을 말할 만큼 신뢰하는 것에 감사하라   55

◆ 교육자는 아이를 잘 아는 사람이다   73

    |관찰| 어린이 세계의 파브르가 되시라   76

    |기록| 측정할 수 없는 귀중한 보물   96

◆ 교육자는 아이에게 호의적으로 남는 사람이다   117

    |동행| 아픈 아이 곁을 밤새 떠나지 않는다   121

    |존중| 어린이는 이미 하나의 인간이다   134

교육자의 기도   162

연표로 보는 코르차크의 생애   166

주(註)   170

"아이와 사귀고,
아이를 잘 알며,
아이에게 호의적으로 남는 사람.
그 사람이 곧 교육자이다."

코르차크의 삶과 철학

나는 사랑받고 존경받기 위해서가 아니라

사랑하고 섬기기 위해 존재한다.

2163 Korczak

이것은 우주 한편에 있는 지름 24킬로미터인 소행성의 이름이다. 1971년 러시아의 크림 천문대에서 발견한 소행성으로 앞에 붙은 네 자리 숫자는 발견 순서일 뿐이지만, 그 뒤에 적힌 코르차크(Korczak)는 이 책을 다 읽고 난 뒤 우리 모두에게 이 별처럼 영원히 잊히지 않는 이름이 될 것이다.

우리는 많은 사랑을 받은 사람이 세상을 떠나면 '영원한 별'이 되었다고 말한다. 깜깜한 밤하늘에서 반짝이는 별은 유구히 빛나기에 우리는 별을 바라보며 누군가를 떠올리고, 오랫동안 그를 추억한다. 우리에겐 다소 생소하고 발음하기도 어려운 이름이지만, 코르차크는 그를 사랑하는 사람들에게 영원히 빛나는 별로 남았다. 그의 불꽃 같은 삶은 다수의 책과 다큐멘터리, 영화*로도 제작되었다.

유대계 폴란드인으로 태어나 작가이자 의사로 살았고, 교육자로 생을 마감한 코르차크의 무엇이 그를 이토록 오래 기억하고 추억하며 연구하게 하는 걸까?

---

* 안제이 바이다 감독의 〈닥터 코르작(Korczak, 1990)〉

오늘날 그는 그가 살아간 방식이 아니라 그가 죽어간 방식으로 기억되고 있다.[1]

《게토 다이어리(Ghetto Diary)》서문에 적힌 베티 진 리프턴(Betty Jean Lifton)의 표현대로 한 편의 영화 같은 코르차크의 죽음은 그가 남긴 작품들과 함께 여러 세대에 걸쳐 우리에게 전해지고 있다. 생의 마지막 순간이 대체 어떠했길래 오늘날까지 사람들 사이에 널리 회자되는 것일까.

코르차크의 죽음에는 인류 역사상 최악의 전쟁이라는 제2차 세계대전이 있었다. 독일의 폴란드 침공으로 코르차크의 조국인 폴란드는 폐허가 되었고, 1945년 종전까지 독일의 점령하에 엄청난 시련을 겪어야 했다. 그 당시 코르차크는 보육원을 맡아 운영하고 있었는데, 그곳에는 유대인 고아와 전쟁고아를 포함해 이백 명 남짓한 아이들이 있었다. 독일군의 명령에 따라 게토(Ghetto)*로 이동할 때도 모든

---

* 중세 이후 유럽 곳곳에 생긴 유대인 강제 격리 구역을 말한다. 담을 세워 바깥 세상과 완전히 분리하고, 게토 거주자에겐 시민권도 주지 않는 등 여러 차별 정책을 펼쳤다. 19세기부터 점점 없어지기 시작해 폐지되었으나 제2차 세계대전 당시 나치 독일이 폴란드를 비롯한 점령지 곳곳에 게토를 부활시켜 유대인 수용소로 이용했다. 가장 대표적인 곳이 바르샤바 게토로 수용 인구가 45만 명에 달했고, 극도의 주거난과 식량난으로 악명이 높았다.

보육원 식구가 함께했다. 1942년 8월 6일 나치는 보육원을 동부로 이주시킨다는 명목으로 그들을 트레블링카행 기차에 태웠다. 하지만 모두가 알고 있었다. 그 기차를 타면 다시는 돌아올 수 없다는 것을.

코르차크와 그의 아이들이 걸은 죽음의 행진에 대한 기록은 전설이 되었다. 굶주림과 영양 부족으로 몸이 약해진 상태였지만, 코르차크는 고개를 높이 들고 이백 명의 아이들을 침착하고 질서정연하게 이끌었다. 그들은 숨죽인 바르샤바의 거리를 지나 기차역까지 고요 속에서 행진했다. 아이들은 코르차크가 고안한 보육원 깃발을 들고 걸었다. 푸르고 하얀 꽃송이가 한쪽에 그려져 있고, 파란 다윗의 별이 다른 한쪽에 그려진 깃발이었다. 한 목격자는 그 순간을 이렇게 기억했다.

"나는 내 삶이 끝나는 날까지 그 장면을 절대 잊지 못할 겁니다. 그것은 살인자들에 대한 조용하지만 질서정연한 시위였어요. 이제껏 단 한 번도 본 적 없는 광경이었습니다. 그날은 견디기 힘들 정도로 더운 날이었어요. 아이들은 네 명씩 짝을 지어 걸었습니다. 코르차크는 맨 앞에 서서 그의 고개를 높이 들고 양손에 아이들의 손을 각각 붙잡은 채 행진을 이끌었습니다. 두 번째 무리는 스테파 부인이 이끌었어요. 그들은 죽음을 향해 걸어갔어요. 마치 자신을 죽이러 온 사람들을 전혀 개의치 않는 것처럼 보였습니다. 게토 지역의 경찰은 코르차크를 발견하고는 재빨리 경례하며 경의를 표했어요. 독일군 병사들은 '저 남자는 누구야?' 하고 물었습니다. 나는 양손으로 두 뺨을 타고 흐르는 눈물의 홍수를 가렸어요. 이러한 살인 앞에서 아무것도 할 수 없는 우리의 무력함에 흐느끼고 또 흐느꼈습니다."

뒤도 한 번 돌아보지 않고 코르차크와 스테파, 그리고 다른 교사들은 아이들이 화물열차의 경사로를 오르는 것을 도왔다. 아이들의 손에는 자신이 가장 좋아하는 장난감과 책이 들려 있었다. 화물열차의 최종 목적지는 트레블링카의 가스실이었다.[2]

폴란드의 저명인사였던 코르차크는 독일군에게 트레블링카행 기차를 타지 않아도 된다는 허락을 받았다. 코르차크의 제자와 친구들은 어떻게든 그를 피신시키려 했지만, 그는 모든 제의를 거절했다. 아이들을 버릴 수 없다는 이유에서였다. 그렇게 코르차크의 죽음은 역사상 실종으로 기록되었다. 그토록 사랑한 아이들과 함께 홀로코스트의 희생양이 된 것이다.

코르차크는 자신과 아이들이 가는 길의 끝에 죽음이 놓여 있다는 것을 알고 있었다. 그러나 생의 마지막 순간까지도 그는 아이들을 먼저 생각했다. 아이들에게 이 참혹한 현실을 어떻게 전할지 고심했고, 자신이 했던 말을 행동으로 옮겼다.

"교사들이여, 당신에겐 인생이 무덤 같을지라도 아이들은 푸른 들판을 꿈꾸게 하라."[3]

보육원 아이들은 해마다 '꼬마장미 여름캠프'에 참가했다. 그래서 우리에겐 아픔으로 기억되는 이 마지막 행진 때도 코르차크와 교사들은 아이들에게 여름캠프에 간다고 말했다. 아이들은 가장 아끼는 옷을 입고, 좋아하는 장난감과 책을 들고 길을 나섰다. 수많은 사람이 거리로 나와 이들의 행진을 지켜봤고, 죽음 앞에서도 조용하고 의연했던 모습은 전설로 남았다.

아이들을 위해 끝내 자신의 목숨까지 내놓은 생의 마지막 순간 때문일까. 코르차크의 이름을 들으면 다들 그의 숭고한 희생부터 떠올린다. 강렬하고 인상적인 죽음으로 인해 교육자로서 그가 쌓은 방대한 업적이 살짝 빛이 바래는 느낌마저 든다. 그러나 코르차크는 평생 아이들을 위해 무엇이 최선인지를 고민하고 실천하며 살아온 사람이었다. 아이들과 늘 함께하며 아동 중심의 다양한 교육적 시도를 멈추지 않았고, 한 사람의 교육자로서 아이들을 편한 길이 아니라 아름다운 길로 이끌기를 바랐다.

'지식인이란 자기와 상관없는 일에 참견하는 사람이고, 모든 일이 자기와 관계있다고 생각하는 사람'이라고 한 사르트르(J. P. Sartre)의 말에 따르면 코르차크는 자신과 상관없는 아이들의 일에 깊숙이 참견했을 뿐 아니라, 그들을 위해 헌신했던 실천하는 지식인이었다.

따라서 순교자 같은 그의 죽음을 포함하여 코르차크의 생애, 그중에서도 교육자로서의 면모를 밝혀 그가 지향했던 가치가 무엇인지 알아보는 일은 코르차크라는 사람에 대해 한층 깊이 이해하는 기회가 될 것이다.

야누시 코르차크(Janusz Korczak)는 1878년 7월 22일* 바

---

* 1879년에 태어났다는 기록도 있다. 출생신고가 늦어 정확한 확인이 어렵다.

르샤바의 유대계 폴란드인 가정에서 태어났다. 1905년 3월 의사 면허증을 딴 뒤 소아과 의사로 일했고, 동시에 타고난 문학적 소질을 발휘하여 작가로도 활동했다. 그의 본명은 헨리크 골트슈미트(Henryk Goldszmit)지만, 스무 살 때 파데레프스키 문학대회에서 최우수상을 받으며 '야누시 코르차크'란 필명을 쓰기 시작한 뒤로는 그 이름으로 사람들에게 널리 알려졌다. 1937년에는 폴란드학술원에서 수여하는 '황금월계수상'을 받을 정도로 문학성과 대중성을 두루 갖춘 인기 작가였다.

코르차크는 중학교 때부터 희곡, 논평, 동화, 소설 등 장르를 가리지 않고 수많은 글을 썼다. 소설 《거리의 아이들》을 비롯해 《매트왕 1세》, 《마법사 카이투시》, 《꼬마 제크의 파산》 같은 아이들을 위한 동화를 썼고, 어린이 신문인 《작은 평론》을 발행했으며, 《아이를 사랑하는 법》, 《아이의 존중받을 권리》, 《유머러스한 교육학》 등 여러 교육서를 저술했다.

인기 작가였던 코르차크는 소아과 의사로도 명성이 높았다. 그는 가난한 아이들을 돕기 위해 의사라는 직업을 선택했지만, 얼마 지나지 않아 그들의 삶을 온전히 책임질 수 없다는 사실에 한계를 느꼈다. 이에 코르차크는 의사의 길을 버리고, 부모로부터 버려지고 가난하여 최소한의 돌봄도 받지 못하는 아이들을 위해 평생을 바치겠다고 마음먹는다.

이렇듯 코르차크가 평생 아이들을 위한 삶을 살게 된 배경에는 순탄치 않았던 그의 가정환경이 있었다. 그는 성공한 변호사인 아버지 유제프 골트슈미트(Josef Goldszmit)와 어머니 체칠리아 겜비츠카(Cecylia Gębicka) 사이에서 태어났다. 그의 할아버지 헤르시 골트슈미트(Hersz Goldszmit)는 의사였고, 증조할아버지는 유리 공장에서 일했다. 그의 아버지 유제프는 삼촌과 함께 책을 내거나 월간지에 글을 기고할 만큼 문학적 재능이 넘치는 사람이었다.

코르차크는 행복한 어린 시절을 보냈다. 특히 외할머니는 코르차크를 '꼬마 철학자'라고 부르며 그의 다양한 생각을 깊이 지지해 주었다. 불행은 코르차크가 열한 살이 되던 해 갑자기 찾아왔다. 그의 아버지 유제프가 정신질환을 일으킨 것이다. 증세가 심해 정신병동에 입원했고, 7년 뒤 사망했다. 코르차크는 아버지의 정신병이 유전될지 모른다는 두려움에 평생 결혼하지 않았으며 자녀도 두지 않았다.

아버지의 사망 이후 식구들을 부양해야 했던 코르차크는 고등학생 신분으로 과외를 하며 생계를 꾸려나갔다. 가정교사로 일하면서 과거에 자신이 그러했듯이 부유한 가정의 아이들이 가난한 아이들과 함께 놀 수 없는 등 어른들의 통제에 갇혀 지내는 것을 지켜보면서 아이들의 자유와 권리를 보장하는 데 관심을 갖기 시작했다. 이 무렵 코르차크는 인근 도서관에서 봉사활동을 했는데, 빈곤한 동네였음에도 독서모임을 만들고 낭독회를 열어 도서관을 활성화하는 데 성공한다. 이때의 경험은 그에게 강렬한 인상을 남겼고, 가난한 아이들도 동등한 인간으로 다 함께 살아가는 미래를 꿈꾸게 되었다.

코르차크는 가난한 아이들을 돕고 싶다는 바람으로 의학 공부를 시작했다. 1898년 바르샤바 대학 의학부에 들어가 학업에 매진하는 동안에도 빈민 지역의 아이들을 돌보고 가르쳤으며 대학 시절 내내 글을 쓰면서 집안 살림에 보탬이 되었다. 청년 시절 코르차크는 '이동대학'의 일원으로 활동했는데, 이 모임은 여러 집을 돌아가며 자유로이 모여 연구하고 가르치는 '움직이는 대학'으로, 당시 다양한 분야의 저명하고 독창적인 학자들이 참여하고 있었다. 연구하는 내용이 매우 자유롭고 급진적이었기 때문에 이들은 경찰의 눈을 피해 비밀리에 모였다.

의학 공부를 마친 코르차크는 1905년 바르샤바의 바우만-베르송-어린이 병원에서 소아과 의사로 일했다. 동시에 아이들을 대하는 법을 주제로 라디오 방송이나 강연 활동을 벌여나갔다. 소논문을 비롯한 다양한 유형의 교육 이야기, 동화, 희곡 등 다양한 작품을 계속 발표하여 대중으로부터 큰 호응을 얻었다. 같은 해 러일전쟁에 군의관으로 징집되어 중국 만주의 야전군 병원에서 복무했다.

1906년 3월 바르샤바로 돌아온 코르차크는 노동자 주거 지역에 있는 병원에 소아과 과장 대리로 부임해 헌신적으로 일했다. 학구열이 대단했던 그는 다른 유럽 국가들의 의학 연구 및 의료 활동을 배우고 싶은 열망이 강했다. 그래서 베를린에서 일 년, 파리에서 반년, 그리고 런던 등지에서 한 달가량 실습 경험을 쌓았다. 이런 일련의 경험을 통해 그는 바르샤바에서 솜씨 좋은 소아과 의사로 인정받게 된다. 인기 작가에다 아이를 잘 다루기로 유명했던 코르차크를 보기 위해 부유층들은 아픈 아이를 핑계 삼아 그를 집으로 부르는 일이 흔했다. 그런 고객들에게는 쌀쌀맞은 태도를 보이면서 자신의 명성을 이용해 고액의 치료비를 요구했지만, 가난한 환자에겐 최소한의 치료비만 받았다.

그러던 중 코르차크의 인생에서 결정적인 전기가 찾아왔다. 1909년 겨울, 그는 유대인 어린이를 위한 보육원 기념행사에 초대받았는데, 여기서 보육원을 맡아달라는 부탁을 받게 된다. 코르차크는 고민 끝에 이 제안을 수락하고, 1912년 개원한 '돔 시에로트(Dom Sierot, 고아들의 집)'의 원장으로 부임하며 보육원과 인연을 맺었다. 그리고 제2차 세계대전으로 인해 1942년 보육원이 폐쇄되고 죽음에 이를 때까지 30년 넘게 보육원의 책임자로 일하면서 아이들을 돌보았으며, 아이들이 자치적으로 공동체적 삶을 꾸려나갈 수 있도록 노력했다.

코르차크는 아이들과 함께 있을 때 가장 행복했기 때문에 의사로서의 안정적인 생활을 버리고 교육자가 되었다. 유럽의 선진 학문을 공부하던 시절에 파리 도서관에서 아동 치료학에 관한 프랑스 고전을 읽은 경험은 코르차크를 아동 연구로 이끌었다. 그래서 낮에는 아이들과 함께 지내고, 밤에는 연구에 몰두하여 교육이론과 실천이 하나가 되도록 모색했다. 제1차 세계대전에 군의관으로 참전한 상황에서도 연구를 계속했고, 원고 뭉치를 끼고 살며 조금이라도 시간이 나면 글을 썼다. 그 노력의 결실이 바로 코르차크의 대표작이라 할 수 있는 《아이를 사랑하는 법(Wie man ein Kind lieben soll, 1918)》이다. 이 책은 그가 바르샤바에서 유대인 아이들을 위한 보육원을 맡고 난 뒤 처음 몇 년 동안의 경험을 토대로 한 학문적 성과물이다.

코르차크는 키이우에 있는 군병원에서 일하는 동안 마리나 팔스카(Maryna Falska)가 데리고 온 폴란드 소년들을 위한 기숙사와 교류하면서 그녀를 도왔다. 이것이 인연이 되어 바르샤바 근처 프루쉬쿠프(Pruszkow)에 폴란드 아이들을 위한 새로운 공동체가 세워지는데, 바로 '나쉬 돔(Nasz Dom, 우리들의 집)'이다. 1928년에는 나쉬 돔이 바르샤바 교외 지역인 비엘라니(Bielany)에 있는 독립 건물로 옮겨갔다. 코르차크는 일주일에 이틀 정도는 그곳에서 머물며 1936년까지 팔스카와 함께 아이들을 돌봤다.

이 무렵 코르차크는 자유폴란드 대학에서 강의를 맡았는데 《아이를 사랑하는 법》과 함께 가장 중요한 작품으로 꼽히는 《아이의 존중받을 권리(Das Recht des Kindes auf Achtung, 1928)》가 이때 출간되었다. 그는 '돔 시에로트'와 '나쉬 돔'을 오가며 아이들을 돌보는 동시에 틈틈이 강의 활동을 이어갔다.

코르차크는 어린이를 위한 라디오 프로그램도 진행했다. 〈노의사(老醫師)의 라디오 정담〉이란 방송은 아이들뿐만 아니라 어른들에게도 엄청난 사랑을 받았다. 그러나 그 당시 유럽 전역에 퍼졌던 반유대주의와 외부 압력으로 인해 이 라디오 방송은 중단되었다.

그 당시 폴란드에서는 독일에서 전파된 반유대주의의
물결이 밀려들기 시작했고, 코르차크도 거기에 영향을
받을 수밖에 없었다. 1935년 그는 폴란드의 국영 라디
오에서 '노의사'로 출연해 어린이와 아동복지를 주제로
연설하고 질의응답을 하는 교육 프로그램을 진행했다.
방송국 국장들은 코르차크를 존경했지만, 그가 유대인
이었기 때문에 감히 그의 이름을 공개하지 못했다. 라
디오를 진행한 지 얼마 되지 않아 코르차크의 따뜻하고
친근한 목소리와 타고난 유머로 인해 폴란드 전역에서
많은 청취자를 얻었다. 폴란드의 라디오 잡지인《안테
나》의 편집자는 그의 방송을 다음과 같이 묘사했다.

"코르차크는 아이들을 향해 이야기했지만, 어른들 역시
그의 이야기에 매료되었다. 이 '노의사'는 오직 사랑만
이 아이와 어른 모두를 세상과 묶을 수 있다고 강조했
다. 그는 폴란드 라디오의 가장 훌륭한 지성인이자 휴
머니스트였다. 코르차크는 겸손하고, 조용하고, 배려 넘
치는 말투로 우리에게 말을 걸었다. 그는 우리의 괴로
움, 우리의 고통, 우리의 가난 그리고 우리의 의심을 직
시했다. 우리를 바로 보고 이해하면서 그의 청진기를
우리의 심장과 영혼에 갖다 대고 우리를 진찰했다. 그

리고 우리에게 조심스럽게 그의 진단을 전해주었다."[4]

1939년 제2차 세계대전이 발발한 뒤 바르샤바의 상황은 날이 갈수록 나빠지기만 했다. 그러나 남다른 신념의 소유자였던 코르차크는 독일이 폴란드를 점령한 뒤에도 폴란드군 소령 군복을 벗지 않았으며, 나치의 명령에 불복하여 유대인이라는 표식인 완장도 차지 않았다. 그러던 어느 날 크로흐말나 거리에 있던 보육원이 바르샤바 게토로 강제 이주하는 사이에 감자를 몰수당하는 일이 벌어졌다. 이를 두고 코르차크가 게슈타포에게 항의했을 때, 그는 완장을 차지 않았다는 이유로 악명 높은 감옥에 보내졌다. 다행히 제자들이 백방으로 연락을 취하고 자금을 만들어온 덕분에 감옥에서 풀려날 수 있었다.

바르샤바 게토에서의 삶은 힘든 것을 넘어 참혹했다. 그토록 감자가 절실했던 것도 식량이 턱없이 부족했기 때문이었다. 아이들과 굶어 죽지 않기 위해 코르차크는 매일 자루를 어깨에 메고 여기저기 돈이나 음식을 구하러 다녀야 했다.

게토의 환경은 개탄스러울 정도였다. 굶주림과 질병

이 만연했고, 시체와 사람들이 죽어가는 모습은 거리의 흔한 풍경이 되었다. 코르차크는 그 자신도 병들고 굶주려 있었음에도, 아이들의 생존을 위해 고군분투했다. 그는 '가장 의지할 곳 없는 이들을 위한 걸인'이 되었다. 등에 자루를 둘러멘 코르차크는 자신이 보살펴야 하는 아이들을 위해 매일 음식과 약을 구하러 돌아다녔다. 전쟁통에서도 아이들을 먹이고 돌보는 무거운 과업을 기꺼이 맡을 만큼 헌신적이었던 그는 또 다른 길고 험난한 여정을 시작했다.

코르차크는 고아들의 피난처라고 알려진 쉼터를 인계받는 것에 동의했다. 그곳은 죽어가거나 아픈 아이들을 위한 임시 병원으로 사용되고 있었다. 이곳에서 그는 자신이 할애할 수 있는 모든 시간을 죽어가는 아이들을 위해 사용했다. 코르차크는 가장 먼저 임시 침상을 만들도록 조치했다. 죽어가는 아이들이 존엄하게 세상을 떠날 수 있도록 하기 위해서였다.[5]

하루하루가 지옥 같은 게토 생활에도 코르차크와 교사들은 아이들이 절망에 빠지지 않고 푸른 들판을 떠올릴 수 있게 애썼다.

게토에 있는 동안 보육원 수련생이었던 에스테르카 (Esterka)는 아이들과 연극을 하자고 제안했고, 1942년 7월에 바르샤바 게토에서의 마지막 공연인 〈우체국〉의 막이 올랐다. 이 공연에 대해 코르차크는 일기에 이렇게 적었다. "연극. 타고르의 〈우체국〉 연극. 박수갈채, 악수, 노력의 성과, 다정한 대화."

연극 〈우체국〉의 내용은 이렇다. 폐결핵을 앓고 있는 소년 '아말'은 밖에 나갈 수가 없다. 지나가는 사람들을 구경하고, 그들에게서 이런저런 이야기를 듣는 것이 소년의 유일한 낙이다. 어느 날 아말은 길 건너에 우체국이 있다는 것과, 왕이 자신에게 편지를 보낼 것이라는 말을 듣는다. 아말은 희망을 품고 왕의 편지를 기다린다. 드디어 편지가 도착한 그날, 아말은 왕의 편지를 손에 든 채 눈을 감는다.

아말: 왕에게 편지가 오면 누가 나를 거기로 데려가죠?
경비원: 왕은 우체부가 많아. 그들이 가슴에 금배지를 달고 여기저기 다니는 걸 못 봤어?
아말: 아, 그래요? 그들은 어딜 다니죠?
경비원: 여기저기, 모든 나라를 다니지.
아말: 나는 커서 왕의 우체부가 될 거예요.

경비원: 하하, 우체부는 비가 오는 날이든 맑은 날이든, 부잣집이든 가난한 집이든 상관없이 편지를 배달하지. 집마다 편지를 배달하는 건 정말 위대한 일이란다.[6]

〈우체국〉은 노벨문학상을 받았던 라빈드라나트 타고르(Rabīndranāth Tagore)가 1912년에 발표한 희곡이다. 이 연극을 선택한 것은 공연을 준비하는 과정에서 아이들이 주인공 아말처럼 아프고, 외부와 단절되고, 미래를 알 수 없는 상황에서도 한 줄기 희망을 버리지 않길 바라는 마음에서였다. 병이 깊어도 우체부라는 미래를 꿈꾸었던 아말처럼 아이들도 죽음을 두려워하지 않고, 죽음을 넘어선 소망을 갖기를 바란 것이다.

게토에 있는 동안 코르차크의 제자들과 친구들은 그를 빼내기 위해 애썼지만, 코르차크는 모든 제의를 거부했다. 폴란드의 저명인사였던 까닭에 충분히 살아남을 수 있었고, 그리하여 절정에 오른 자신의 활동을 이어갈 수 있었지만, 그는 끝까지 아이들의 곁을 지켰다.

당신은 밤에 아픈 아이 곁을 떠나지 않는다. 그리고 이런 순간에도 아이들을 떠나지 않는다.[7]

1942년 8월 6일 코르차크는 아이들과 함께 가스실이 있는 트레블링카 수용소로 송치되었고, 그것이 그의 마지막이었다.

　　밝은 별처럼 세상을 밝혔던 코르차크는 누군가에겐 그 존재 자체로 위로가 되었고, 누군가에겐 잊지 못할 우상이 되었다. 깜깜한 현실과 대비되어 더 빛났던 그의 가르침은 한 세기가 지난 오늘날에도 그를 기억하고 연구하는 많은 사람에게 큰 울림을 전하고 있다.

교육자는 아이와 사귀는 사람이다

나는 천문학자가 별에 입 맞추듯이
아이들에게 입을 맞춘다.

코르차크는 열네 살부터 소설을 쓰고, 이후에 신문기자로도 일하면서 꾸준히 글을 썼다. 하지만 글을 쓰는 것으로는 그가 불쌍히 여긴 길거리의 아이들을 도울 수 없다고 생각하고 의사가 되었다.

나는 작가가 아니라 의사가 되겠다. 문학은 말뿐이지만, 의학은 행동이다.[8]

코르차크는 의사로서의 길도 훌륭히 걸어갔다. 의대 교수들을 허세가 가득하고 무감각한 사람으로 대하는 그의 태도 때문에 교수에게서 "내 손바닥에 털이 나기 전에 네가 의사가 되는 일은 없을 거다."라는 말을 듣기도 했지만 말이다.

코르차크는 작가로서도 의사로서도 능력이 출중했기 때문에 탄탄대로의 출셋길이 보장되어 있었다. 하지만 그에게는 사회적 성공보다는 거리의 아이들, 보살핌을 받지 못하는 아이들을 돕고 싶다는 염원이 더 강했다. 결국 그는 안정된 삶을 버리고, 아이들과 함께 하는 삶을 선택했고, 그 선택은 죽을 때까지도 변함이 없었다.

제가 교육자가 된 것은 아이들과 함께 있을 때 가장 마음이 편했기 때문이었습니다.[9]

그렇게 교육의 길을 걷게 된 코르차크는 '교사'라는 말보다는 '교육자'라는 말을 선호했다. 교사가 시간당 얼마씩 돈을 받고 아이에게 무언가를 주입하는 사람이라면, 교육자는 아이에게서 무언가를 이끌어내는 사람이라고 생각했기 때문이다.[10]

교사는 '가르치는 스승'이라는 뜻도 있지만, 일반적으로는 유치원을 포함한 초등학교·중학교·고등학교에서 일정한 자격을 가지고 학생을 가르치거나 돌보는 사람으로 통용된다. 직업적 명칭으로서 교사와 달리 교육자는 누군가를 가르치고 기르는 일에 종사하는 사람이란 뜻으로 교사보다 폭넓게 쓰이는 편이다. 그런 의미에서 코르차크는 일정한 형식에 매인 교사라기보다는 교육의 중요성을 알고, 그래서 끊임없이 연구하고, 보육원에서 아이들을 돌보며 자신의 교육철학을 몸소 실천했던 교육자라 할 수 있다.

코르차크는 "아이와 사귀고, 아이를 잘 알며, 아이에게 호의적으로 남는 사람. 그 사람이 곧 교육자이다."라고 했다. 교육자에 대해 말하면서 '아이를 잘 아는 사람'보다 '아이와 사귀는 사람'을 먼저 밝힌 것이다.

'알고 사귀는 것'이 어른의 관계라면 '사귐으로써 아는 것'은 아이들의 관계이다. 어른들은 앞에 있는 사람이 누구인지, 만나도 안전한지, 내게 유익한 사람인지, 내가 생각하는 조건과 맞는 사람인지 알아본 뒤 사귀기 시작할 것이다. 하지만 아이들은 놀이터에서 오늘 처음 본 아이와도 모래놀이를 같이 하고, 그네를 밀어주며, 술래잡기를 할 수 있다. 한참 놀고 나서야 한마디 물어본다. "넌 몇 살이야?"

항상 아이들의 눈높이에서 생각했던 코르차크가 '아는 것'보다 '사귐'을 먼저 강조한 것은 당연한 일일 것이다. 실제로 그는 자신이 돌보았던 아이들과 시간을 보내며 정서적으로 많은 부분을 공유했다.

코르차크에게 아이들과 사귄다는 것은 의식적으로, 계획적으로 가까워지려 노력하는 행위가 아니었다. 단지 아이들을 사랑하는 마음에서 자연스럽게, 그리고 당연히 이루어지는 과정이었다. 아이들을 가르치는 사람에게 그와 같은 사랑이 있다면 아이와 '대화'하고 '공감'하는 일은 흐르는 물과 같다.

공감

모
든
눈
물
은
짜
다

얼마 전 길을 걷다가 앞에 가는 엄마와 두 아이를 보았다. 엄마는 세 살 정도 돼 보이는 딸아이의 손을 잡고 걸어가고 있었고, 오빠로 보이는 남자아이는 엄마 옆을 따라 걸으며 이것저것 묻고 있었다.

"엄마, 오늘 어디 가요?" 엄마를 쳐다보며 묻지만, 엄마는 대답이 없다. 아이는 또 묻는다.

"엄마, 오늘 어디 가요?" 이번에는 땅을 쳐다보며 묻지만, 엄마에게서 돌아오는 대답은 "아유, 이제 말 좀 그만해. 시끄러워."였다. 그 뒤로 가족은 모두 조용히 걸어갔다.

엄마는 왜 그렇게 매몰찬 태도를 보였던 걸까? 추측건

대 차가 다니는 좁은 길에서 두 아이의 안전을 생각하느라 예민했을 수도 있고, 몸이 피곤했을 수도 있다. 아니면 평소에 아들이 질문이 많은 편이라 대답해주기에 지쳤을 수도 있다. 그렇지만 엄마의 짜증 섞인 목소리를 들은 아이의 마음은 어땠을까? 가장 가깝고 사랑하는 엄마에게서 경험한 대화의 단절은 아이에게 어떤 기억으로 남을까? 아이의 질문은 어쩌면 엄마의 손을 잡고 가는 동생이 부러워서 "엄마, 나도 여기 있어요. 나도 손잡아 주세요."라고 말하는 건 아니었을까.

4학년 담임을 맡았을 때의 일이다. 날마다 두 팔을 벌려 안아달라는 여자아이가 있었다. 처음에는 기꺼이 안아주었지만, 안아달라는 요구가 점점 늘어나 하루에도 열 번 가까이 안아달라고 떼를 쓰는 상황에 이르자 뭔가 대책이 필요해 보였다. 4학년인데도 아기처럼 구는 아이의 행동을 제재해야 하나 고민하던 차에 아이의 집안 사정을 듣게 되었다. 알고 보니 부모님이 식당을 운영하느라 온종일 바쁜 탓에 아이가 혼자 있는 시간이 많다는 것이다. 전후 상황을 알고 나니 그제야 아이의 행동이 이해가 갔다. 사랑과 애정 표현이 그리웠던 아이의 마음까지도.

코르차크는 교사가 가져야 할 덕목 중 하나로 '공감'을 말한다. 그는 〈누가 교사가 될 수 있는가〉라는 글에서 어느 한 가정의 이야기를 통해 '공감'의 중요성에 대해 설명한다.

다음은 어떤 나라의 한 집안에서 일어난 이야기다.

아버지 모르데카이, 어머니 레브카, 맏아들 아리, 그 밑으로 딸 에스더, 그리고 막내인 스루릭과 할아버지 아브람이 있었다. 할아버지는 발을 절었기 때문에 안락의자에 앉아 생활하였다. 아침이면 모두가 일하러 나가거나 혹은 학교에 간다. 엄마가 시장 보러 갔기 때문에, 집에는 작은 스루릭이 바퀴 달린 안락의자에 앉아 있는 할아버지와 남아 있었다. 할아버지는 70세였다. 할아버지는 옷을 잘 차려입고 안락의자에 편히 앉아 있었다. 집안 식구들은 할아버지에게 경건한 책을 읽으시도록 손에 들려드렸다. 작은 아이 스루릭은 방안에서 공을 가지고 놀고 있다.

할아버지가 책 쪽으로 손을 뻗으려고 하다가 안경이 미끄러져 떨어졌다. 할아버지는 안경을 다시 집으려 했으나 그렇게 할 수 없었다. 그 뒤 세 시간이 지날 동안, 할아버지는 아무것도 할 수 없었다. 큰 슬픔이 그에게 몰아닥쳤다. 그는 울기 시작했다. 작은 아이 스루릭이 방 안에서 뛰어다니다가 갑자기 할아버지가 흐느끼며 우는 소리를 들었다. 그는 할아버지에게 가까이 와서 그가 우는 것을 보고는 놀라서 물었다.

"할아버지, 왜 우세요?"

할아버지는 대답했다.

"아니, 아무것도 아니다. 내 안경 좀 집어주렴."

그래서 스루릭은 안경을 집어드렸다. 할아버지는 다시 책을 읽을 수가 있었다. 엄마가 시장에서 돌아오자, 스루릭은 할아버지가 우셨다고 말했다.

"왜? 당신 힘으로 집어 다시 읽을 수도 있으셨을 텐데, 그렇게 작은 일로 우셨다니?"

아리의 여동생 에스더가 학교에서 돌아와 자기 방으로 들어가서 소파에 앉아 울고 있었다. 엄마가 와서 무슨 일이냐고 물었다. 아이는 꺽꺽 흐느끼며 울었다. 자기는 한 아이들 무리의 여왕이었는데, 아이들이 자기가 더 이상 여왕이 아니라고 하면서 자기 공책을 찢어버렸다는 것이다.

"바보같이, 그런 쓸데없는 일로 우니?"

오후가 되어 열다섯 살 난 아들 아리가 집에 돌아오자 무엇을 좀 먹으라고 권하였다. 하지만 아이는 그냥 밖에 서서 들어오지 않았다. 눈에는 눈물이 고여 있었다.
아버지가 물었다.

"왜 우니? 무슨 일이니?"

아리의 대답은 흐느끼는 소리 때문에 흔들렸다. 한 여자아이가 자기를 모욕했다는 것이다. 그 아이가 자기를 쳐다보지도 않았고, 자기 말을 들어주지도 않았다는 것이다. 아버지는 가만히 듣고 있다가 아들을 위로했다.

"어리석기는! 그런 계집애 때문에 울다니, 다른 애를 찾아보지 그러니!"

엄마는 방문 길에서 낙심한 채 돌아왔다. 사람들이 자기 옷이 남루하다고 말했다는 것이었다. 그 옷은 자기 옷 가운데 가장 좋은 것이었고, 그 외엔 입을 만한 게 없다고 했다. 그녀는 이것을 눈물을 흘리며 설명했다.

그녀의 남편인 모르데카이는 놀라워했다.

"그까짓 옷 때문에 울다니!"

그는 아내에게 새 옷을 살 돈을 주겠다고 약속할 수가 없었다. 살림이 그렇게 넉넉하지 않았기 때문이었다. 다른 사람들은 자기 차를 몰고 일하러 가는데 모르데카이는 버스를 타고 간다. 이 얼마나 부끄러운 일인가! 이 부끄러운 일 때문에 그의 눈에는 눈물이 가득 고였다.

할아버지 아브람은 놀라워했다.

"내가 일하던 때는 자가용이란 없었어. 버스를 타고 다
니는 건 그리 나쁜 일이 아니야. 도대체 자동차 때문에
울다니, 말이나 되냐?"

작은 사내아이 스루릭이 울고 있었다. 마귀가 문 뒤에
서 있을지도 모르기 때문에 불안해하면서 울고 있었다.
엄마는 문을 열고 그 뒤에는 아무도 없다고 가리켜 보
였다. 스루릭은 계속해서 울었고, 엄마에게 자기를 좀
안아달라고 간청했다.

모든 눈물은 짜다. 이 점을 파악하는 사람은 교사가 될
수 있다. 하지만 이 점을 이해하지 못하는 사람은 교사
가 될 수 없다.[11]

이 이야기의 배경은 아버지, 어머니, 아들, 딸, 막내 그
리고 할아버지가 함께 사는 가정이다. 가족들은 저마다 다
른 이유로 눈물을 흘리는데 할아버지는 발이 불편하다 보
니 떨어진 안경을 줍지 못해서 울었고, 아버지는 버스를 타
고 다니는 게 부끄러워서 울었다. 엄마는 자신의 옷이 남루
하다고 흉보는 사람들의 말에 낙심해서 울었고, 딸은 친구
들에게 괴롭힘을 당했다며 울었고, 아들은 어떤 여자아이가

자기를 모욕했다고 울었다. 막내는 문 뒤에 마귀가 있을지 몰라 불안해서 울었다. 가족들은 왜 우는지 서로 묻기는 하지만, 우는 사람의 마음에 공감하지 못하고 왜 그깟 일로 우느냐며 다그치기만 한다. 자신도 이해받지 못해서 슬프면서 정작 상대방의 아픔에 공감하지 못해 서로에게 상처를 주며 슬퍼하는 가정이다.

이 글의 마지막에서 코르차크는 '모든 눈물은 짜다. 이 점을 파악하는 사람은 교사가 될 수 있다. 하지만 이 점을 이해하지 못하는 사람은 교사가 될 수 없다'라고 했다. 아이들의 마음을 읽어주는 것, 그리고 그것을 무시하거나 비난하는 것이 아니라 그대로 받아주고 공감해주는 사람을 교사라고 본 것이다.

지금이야 공감과 소통의 중요성을 말하는 강의나 책이 하루가 멀다고 쏟아져 나오고 기업의 채용과정에서도 지원자들의 소통능력이나 협업능력, 인성을 보는 게 당연한 시대지만, 코르차크가 활동했던 시대에 '공감'의 필요성에 대해 공감한 사람이 과연 몇이나 있었을까. 가족끼리조차 서로를 배려하기 힘들었던 당시의 상황을 생각하면 공감이란 풍족하고 여유로운 사람들만이 누리는 사치스러운 감정이라고 여겼을 수도 있겠다.

그러나 이제 우리 모두가 알다시피 코르차크는 부유하고 한가해서 공감의 중요성에 대해 설파했던 것이 아니었다. 각자가 처한 현실을 떠나서 사람들에게, 그리고 아이들에게 본질적으로 소중한 것을 알고, 그 어떤 어려움에도 그것을 지키려고 노력했던 사람이었다.

내가 처음 선생님이 되었을 때는 한 교실에 마흔여섯 명이나 되는 아이들이 있었다. 그러다 보니 어떤 아이와는 하교할 때까지 말 한마디 나누지 못하는 날도 있었다. 어떻게 하면 한 명도 빠짐없이 반 아이들 모두와 눈을 마주치며 대화할 수 있을까 고민하던 중에 점심시간 풍경이 눈에 들어왔다. 점심을 먹기 전에 "손 씻고 오세요."라고 하면 아이들 대다수가 흐르는 물에 손을 잠깐 스친 뒤 물기 묻은 손을 바지에 쓱쓱 닦고 오는 게 아닌가. 아마도 빨리 점심을 먹고 싶은 마음에 서둘렀던 것 같다. 그래서 반 아이들에게 손을 깨끗이 씻고 나서 수건에다 물기까지 잘 닦고 오면 손에 로션을 발라주기로 했다. 로션을 발라주면서 겸사겸사 손과 손톱이 깨끗한지도 확인했다. 아이들 한 명 한 명과 눈을 마주치고 이야기를 나눌 아주 괜찮은 명분을 찾은 것이다.

지금은 학교 예산으로 핸드크림을 사지만, 처음엔 내가 가진 화장품 샘플로 시작했다. 그것을 본 아이들은 집에서 화장품 샘플을 마구 가져와 자기 걸로 발라달라고 졸랐다. 그러다 보니 식사 준비가 길어져 밥 먹는 시간이 늘 빠듯했지만, 아이들은 밥을 아주 즐겁게 먹었고 남기는 것도 거의 없었다. 매달 급식 잔반량을 확인해 발표할 때마다 우리 반이 우수반으로 뽑혔다. 교직원 회의 때 교감 선생님이 그 비결을 얘기해달라고 하셔서 신규 교사가 겁도 없이 연수를 했던 기억이 있다.

아이들은 점심 준비 시간을 특별하게 여겼고, 선생님과 손이 닿는 이 짧은 만남을 좋아했다. 20년이 넘는 지금까지 연락을 해오는 제자들이 그때의 일을 말하는 것을 보면 아이들에겐 그 순간이 소중한 추억으로 자리 잡는 듯하다.

현재 초등학교 교실 정원은 스물다섯 명 정도이다. 예전보다 학생 수가 많이 줄어서 충분한 만남과 상담, 대화가 가능하다. 하지만 학생 수가 적다고 고민까지 줄어든 건 아니다. 요즘 아이들은 다양한 고민거리를 안고 있고, 정서적 불안을 겪는 데다가 그것이 질병 수준의 어려움인 경우도 많아서 아이들과 적극적으로 소통하고 깊게 공감하는 교사의 역할이 점점 강조되고 있다.

여태껏 작은 슬픔은 소홀히 여겨져 왔고, 그 원인을 찾으려고도 하지 않았지만, 어떤 이유로든 아이들의 슬픔은 존중받아야 한다. 그래서 코르차크는 공감에 대해 이렇게 말한다.

> 너희가 우리에 대한 믿음과 우리와 공감할 수 있는 가능성을 가지고 있지 않을 때, 고아들의 안경과 눈은 너희에게 아무것도 말하지 않게 된다.[12]

이 말은 보육원 수련생들에게 하는 당부로, 여기서 '우리'는 보육원 사람들을 말한다. 공감하지 않으면 대화할 수 없고, 가까워질 수 없고, 사귈 수 없다는 것이다. 특히 아이들과의 공감은 소통의 창구로써 꼭 필요하고, 깊이 공감할수록 아이들을 더 잘 알게 된다고 코르차크는 말한다.

교사교육뿐 아니라 상담, 부모교육 등 여러 분야에서 공감의 중요성은 더욱 강조되고 있다. 그리고 우리 생활 속에서도 공감이 필요한 순간은 무수히 많이 일어난다. 예를 들어 아이가 밥을 먹지 않겠다며 고집을 부리는 상황이라고 가정해보자. 이럴 때 어떻게 하면 좋을까? 코르차크가 의사로 일할 때 실제로 이런 상황과 마주한 적이 있다. 당시 병원에 고깃국물조차 먹지 않는 아이가 있어 간호사들이 코르차크를 찾아가 도움을 구한 것이다.

야누시는 어린 환자들이 많이 놀게끔 해주려고 노력했다. 아까 점심시간에는 간호사가 찾아와 마리에크를 봐달라고 했다.

아이는 며칠 전부터 아무것도 먹지 않겠다며 고집을 부렸다.

"수프 한 숟가락도 먹인 사람이 없어요. 선생님은 하실 수 있을 것 같아서요."

"글쎄요……."

야누시는 웃으며 대답했다.

"선생님 말씀은 마법 같잖아요. 저희 모두 다 알고 있는 걸요. 선생님한테 초능력이 있나 봐요. 선생님 말씀이라면 아이들이 귀를 쫑긋 세운다니까요."

진심에서 우러나오는 말을 하는 것 같아 야누시는 "저는 마법사가 아닌데요."라고 말할 수가 없었다.

야누시는 손에 김이 모락모락 피어오르는 수프 한 그릇을 들고 몸을 쭈그리고 앉아 마리에크의 얼굴을 바라보았다. 아이의 눈이 가슴을 저며왔다. 그것은 고통, 한없이 고요한 고통이었다.

"이 소리 들리니?"

야누시는 아이에게 속삭였다.

"수프가 뭐라고 하는데?"

아이는 아무 반응이 없었다.

"엥? 수프가 하는 말이 안 들려? 수프야, 더 크게 말해 봐!"

야누시는 수프가 우는 시늉을 했다.

"마리에크가 나를 안 먹어줘서 슬퍼요. 사람들이 나를 길바닥에 그냥 버리면 자동차 밑에 깔리고 전차 밑에 깔릴 거예요. 앙앙 울고 싶어요."

이야기를 마치자 마리에크는 자리에서 일어나 수프 한 그릇을 싹싹 비웠다. 아이의 눈빛이 조금은 살아난 듯 보였다.

"무슨 주문을 거셨는지 저한테도 좀 알려 주세요."

간호사가 농담을 했다.[13]

코르차크는 아이의 눈높이에서 수프를 의인화하여 아이가 먹어야 수프가 죽지 않게 도울 수 있다는 이야기를 만들어 낸다. 이야기 속 수프는 아이처럼 살아있고 생각도 하고 말도 한다. 코르차크는 동정심 많은 아이의 심성을 알았고, 그걸 이용해 아이 스스로 음식을 먹도록 유도했다. 수프를 죽게 해서는 안 된다는 마음이 음식물을 섭취하는 동기로 작용한 것이다.

어떻게 코르차크는 기발한 이야기를 만들어 내고, 그 이야기가 아이에게 통할 것이라고 생각했을까? 아마도 그는 치료 과정에서 아이와 많은 이야기를 나누었을 것이고, 자연스럽게 아이에 대해 잘 알게 되었을 것이다. 그래서 아이가 음식을 거부하는 이유에 대해 공감하고, 또 아이의 눈높이에 맞는 해결책을 생각해 낼 수 있었던 게 아니었을까. 평소에 차근차근 쌓았던 진심 어린 소통과 공감이 아이의 마음을 움직인 것이다.

어른들은 가끔 아이의 주머니와 서랍 속에 든 물건들을 마음이 내키지 않는 눈으로 바라본다. 거기에는 그림, 엽서, 줄, 손톱, 조약돌, 구슬, 색유리 조각, 도장, 깃털, 솔방울, 리본, 버스표, 원래의 형태를 알 수 없는 찌꺼기를 포함하여 거의 모든 것이 모여 있다. 모든 작은 물건들은 그 나름의 역사를 가진다. 이것들은 앞으로 만나게 될 것들의 기대만큼이나 지나간 일의 기념이 될 것이다.

조개껍데기는 바다로 여행가는 꿈을, 나사못과 철사 부스러기는 비행기와 비행의 꿈을 의미한다. 예전에 망가진 인형의 눈은 지나간 사랑을 추억하는 단 하나 남은 기념품이다.

불행히도 무감각한 어른은 가끔은 화가 나서, 기분이 나빠서 아이가 쌓아놓은 이 보물들을 갖다버린다. 그것들로 인해 주머니가 망가지고, 서랍이 지저분해진다고 생각하기 때문이다.

어떻게 다른 사람의 것을 이토록 무정하게 대할 수 있는가? 그러면서 어떻게 존경심을 갖도록 기대할 수 있는가? 쓰레기통에 버려지는 것은 그냥 종잇조각이 아니라, 누군가가 소중히 여기는 수집품이자 훌륭한 삶의 꿈이다.[14]

둘째 아이가 초등학교 1학년 때 있었던 일이다. 세탁기를 돌리기 전에 아이의 바지 주머니를 살펴보는데 사탕 껍질이 나왔다. 사탕 부스러기가 녹아서 주머니에 찐득하게 눌어붙은 상태였다. 살짝 짜증이 났지만, 마음을 다스리고 아이에게 물었다. "사탕 껍질은 왜 주머니에 있는 거야?" 아이는 아무렇지 않게 "아! 그거요, 집에 오는데 길에 쓰레기통이 없었어요."라고 말했다. 이유를 알고 나니 아무거나 주머니에 넣지 말라고 하려던 잔소리는 쑥 들어가고, 대신에 쓰레기를 길에다 버리지 않고 집으로 가져온 아이를 칭찬하는 말이 나왔다.

이제는 십 대가 된 아이의 방에 들어가면 당장 버렸으면 싶은 것들이 눈에 들어온다. 손톱 크기의 피규어, 유통기한이 한참 지난 초콜릿, 공주가 그려진 긴 끈 달린 지갑 등등. 쓸모없는 잡동사니로 보이지만 거기에는 아이의 추억이 담겨있다. 아이가 먼저 버리기 전에는 함부로 손댈 수 없다.

얼마 전 뜨개실로 짠 보라색 수세미가 새 물건을 모아두는 곳에 있길래 필요한 사람한테 갖다 주려고 챙겼다. 그 모습을 본 둘째 아이가 "엄마 그게 뭐예요?"라고 물었다. "응. 이거 수세미인데 누구 주려고."라고 말하자 아이는 자기 친구가 준 거라며 펄쩍 뛰었다. 아이에게 몰랐다고 바로 사과했고, 아이는 수세미를 제 방에 갖다 놓는 것으로 사건은 일단락되었다. 그 사건 이후로 집 안에 내가 본 적 없는 물건이 있으면 아이에게 물어보고 정리하는 편이다.

유난이라고 생각할 수도 있는데, 아이의 물건을 함부로 손대지 않는 건 내 어린 시절의 기억 때문이다. 중학교 때 이사를 하면서 그때까지 정성껏 모은 편지들이 모두 사라지는 일이 있었다. 빨간 신발 상자에 편지를 보관했는데, 편지가 너무 많아 뚜껑이 닫히지 않을 정도였다. 그런데 그런 편지 상자가 두 개씩이나 감쪽같이 사라져버린 것이다. 우울할 때나 친구들이 그리울 때마다 찾아 읽으면 힘이 나는 비타민 같은 편지들이었다. 내겐 무엇과도 바꿀 수 없는 보물이었지만, 그 사실을 모르는 엄마에겐 귀찮아서 버리지 않고 묵혀놓은 종이 더미처럼 보였던 것 같다. 다른 잡동사니와 함께 버렸다는 말에 다급히 근처 쓰레기장까지 뒤져봤지만 끝내 찾을 수 없었다.

40년이 다 되어가는데도 그날의 상황과 기분은 아직도 기억에 생생하다. 내가 아끼는 물건을 소중히 여겨주지 않으신 것에 대한 실망감과 버려도 되냐고 한 번만 물어봐 주셨더라면 하는 서운함이 컸다. 엄마는 이사하는 김에 쓸모없는 물건을 정리하신 거였지만, 난 소중한 물건을 도둑맞은 기분이었다.

코르차크가 운영했던 보육원에는 백 명이 넘는 아이들이 있었고, 마지막에는 이백 명까지 늘어났다. 많은 인원을 수용하는 공용시설에서 개개인의 물건까지 지켜주기란 참으로 어려웠을 것이다. 그럼에도 코르차크는 아이들에게 각자의 서랍을 허락했다. 누구나 자신만의 서랍이 필요하다는 것이 그의 생각이었다.

우리는 누구나 자기 서랍이 있다. 남의 서랍은 누구도 함부로 들여다보면 안 된다.[15]

사실 코르차크가 아이들을 돌보았던 방식을 볼 때 '보육원을 운영했다'기보다 '아이들을 사랑했다'라는 게 더 적합한 표현일 것이다. 그는 규모가 큰 보육원의 원장이라기보다는 아이들 한 명 한 명에게 자상한 아버지였다. 어른들 눈엔 보잘것없이 보여도 아이가 소중히 여기는 물건이라면 똑같이 소중히 대하는 모습에서 아이들은 보육원을 사회시설이 아니라 '우리 집'으로 느꼈을 것이다.

이렇듯 코르차크가 강조한 존중의 언어 가운데 하나인 공감은 어려운 환경에서도 꾸준히 실천되었고, 아이들에게 오래도록 기억되었다.

대화

비밀을 말할 만큼
신뢰하는 것에 감사하라

　　교실에서 아이들은 무리 지어 있지만, 교사와 학생 사이의 일대일 만남은 소중하다. 그런 만남 속에서만 개인적인 대화가 가능하기 때문이다. 학생과 일대일의 만남을 갖지 않는다면, 공부는 잘하는데 표정은 늘 어두운 아이가 자기 엄마가 담배를 피워서 걱정이라는 얘기를, 거의 매일 지각하는 아이가 장사하는 부모님이 새벽에 들어오기 때문에 아침에 깨워주는 사람이 없어 늦잠을 잔다는 얘기를 누구에게 할 수 있을까. 아이들이 자신의 속사정을 들어주고 이해해줄 누군가를 찾는 것은 당연하다. 그리고 그 누군가가 아이를 가르치는 교사라면, 아이에겐 구원과도 같다.

코르차크는 대화를 통해 사귀는 것을 중시했고, 마르틴 부버(Martin Buber)는 인격적 포옹에 기초한 대화적 관계를 교육의 핵심 원리로 보았다. 부버의 말에 따르면 교육의 관계는 일방적인 포옹의 경험이다. 반면에 코르차크는 교육의 핵심을 아이와 교사 사이에 일어나는 상호적인 교육과정이라고 보았다. 이런 코르차크의 시각은 부버의 관계보다 더 대화적이고 공동체적인 특징을 보여준다.

코르차크는 대화를 말로 한정 짓지 않고, '표정의 유희'라는 언어와 '그림과 감정의 기억'이라는 언어를 통해서도 대화할 수 있다고 주장했다. 그리고 대화의 결핍이 서로에 대한 무지와 오해를 가져온다면서 두 세대가 동시에 이야기하며 서로의 세계에 대해 이해하도록 대화를 붙이고 있다. 그는 비유적인 글과 이야기를 통해 여러 세대가 함께 대화할 수 있는 장을 마련했고, 수용적 자세와 열린 마음, 갈등 극복과 이해, 상호존중과 인격적 관계에 기초한 대화야말로 공동 인간적인 삶을 가능케 하는 길이라고 말했다.[16]

그런데 아이들과의 대화는 그리 쉽지만은 않다. 내가 말하는 것에 아이는 관심이 없고, 아이가 말하는 것에는 내가 관심이 없을 때가 많기 때문이다. 게다가 아이의 언어와 어른의 언어는 서로 다르다. 어른은 사실을 객관적으로 말하지만, 아이에겐 자기 감정이 더 중요하기 때문이다.

> 아이들은 자신이 무엇을 느끼는지 또는 무엇을 생각하
> 는지 말로 표현하기란 쉽지 않다. 말은 단어가 필요하
> 기 때문이다. 글로 쓰는 건 더욱 어려운 일이다. 하지만
> 아이들은 진정으로 철학자이며 시인이다.[17]
> 아이의 생각은 어른보다 한계를 갖고 있거나 열등하지
> 않다. 그저 다를 뿐이다. 아이는 지적 능력이 아닌 감정
> 으로 대화한다. 아이들과의 의사소통이 무척 복잡하고
> 대화가 어려운 것은 이 때문이다.[18]

아이들과 대화할 때는 노력이 필요하다. 아이가 잘 모
르는 것을 표현하려고 애쓰는 동안 이를 기다려줄 인내심이
필요하고, 지적인 어른의 언어와 다르게 서툴게 자기 감정
을 표현하는 아이의 언어를 이해하고 들어주는 노력이 필요
하다. 그래서 아이가 표현한 언어를 통해 어떤 감정을 말하
고 싶어 하는지 알아채야 한다.

갓난아기는 울음으로 모든 의사 표현을 하지만, 아기를
세심하게 살피는 엄마는 아기가 배고파 우는지, 기저귀가
젖어 찝찝해서 우는지 쉽게 구별한다. 아이가 옹알이를 할

때도 "우리 아기, 심심하구나! 장난감 여기 있네.", "아이고, 불편해?"라고 눈치 빠르게 해석해서 아이의 요구를 들어준다. 그러나 정작 아이가 말하기 시작하면 그 말 너머에 있는 아이의 생각과 마음을 헤아리려는 노력은 멈추고 귀에 들리는 말만 듣는다. 아이가 "배 아파요." 하면 "화장실 다녀와."라거나 "병원 갈래?", "배를 따뜻하게 해줘야지."라며 마치 의사가 되어 처방을 내리는 식이다. 그러나 어른이 알아듣는 아이의 말 너머에는 또 다른 마음이 숨어있다.

긴 하루로 인해 피곤하고, 빨리 침대에 눕고 싶다.
"왜 이렇게 조용해?" 아빠가 묻는다. "학교에서 뭐 잘못했니?"
"아니요." 난 대답한다. "머리가 아파요."
"레몬을 좀 먹는 게 어떠니?" 엄마가 묻는다.
난 손과 얼굴만 씻고, 옷을 벗고 침대에 누워 눈을 감았다.
갑자기 내 이마를 만지는 따뜻한 손이 있다. 눈을 뜨니 엄마의 불안한 눈빛이 보인다.
"자고 있니?"
"아니요."

"머리가 아프니?

"아니요."

"춥니? 뭐 덮어줄까?"

엄마는 내 얼굴과 가슴을 쓰다듬는다. 난 일어나 앉는다.

"엄마 걱정하지 마세요. 내 머리는 전혀 다치지 않았어요."

"머리가 아프다고 했잖아."

"그런 것 같다는 얘기였어요. 전 단지 잠자고 싶을 뿐이에요."

난 엄마를 안고 눈을 맞추며 말했다. 그리고 재빨리 다시 이불 속으로 들어갔다. 난 여전히 엄마의 목소리를 들을 수 있었다.

"자거라, 아들."[19]

이제 좀 커서 중학생이 된 딸아이는 학교에서 친구와 사이가 나빠져서 속상할 때도 자고 싶다고 하고, 엄마와 얘기하고 싶지 않을 때도 자고 싶다고 한다. 왜 그러냐고 질문하면 모른다는 대답이 돌아올 때가 많다. 딸아이의 대답을 들은 난 "무슨 낮잠을 그렇게 자니? 할 것도 많은데."라

고 말한다. 하지만 아이는 방 안에서 이렇게 생각할 것이다. '엄마는 내 맘도 모르면서.'

아이의 말은 아이의 삶과 연결 지어 이해해야 한다. 갓 난아기가 울면 우유는 언제 먹었는지, 기저귀는 언제 갈았 는지 떠올리면서 울음을 해석하듯이 말이다. 아이가 자라고 언어로 의사 표현이 가능하다고 해서 아이의 말을 헤아리는 모든 노력이 필요가 없어지는 게 아니다. 단지 성격이 달라 지는 것뿐이다. 아이가 어릴 땐 키나 몸무게 변화처럼 눈에 보이는 성장에 치중했다면 아이가 커갈수록 보이지 않는 정 서적 요구를 대화 속에서 이해하고 충족시켜 주려는 노력이 필요하다.

아울러 아이와 대화할 때는 기본적으로 신뢰가 깔려 있어야 한다. 아이가 생각할 때, 이 어른은 내가 말한 것을 다른 사람에게 말하지 않을 거라는, 그리고 내가 말한 것으 로 인해 나쁜 일이 생기지 않으리라는 믿음이 가지 않으면 아이는 입을 열지 않는다. 서로 간의 신뢰가 충분히 쌓여야 지만 마음 깊숙한 곳에 묻어둔 이야기를 꺼낸다.

아이는 솔직하다. 아이가 대답하지 않을 때, 아이는 이 미 대답한 것이나 다름없다. 아이는 거짓말을 하고 싶지 않지만, 진실 또한 말할 수 없다. 때때로 침묵은 진실됨의 가장 강력한 표현이다. … 만약 아이가 비밀을 말할 만큼 당신을 신뢰한다면, 그것에 감사하라.[20]

쉬는 시간이면 교실 앞으로 나와 선생님을 둘러싸고 재잘대는 아이들이 있다. "선생님, 저 어제 생일이라서요. 친구들이랑 집에서 파티했어요.", "선생님, 오늘 옷 이뻐요.", "선생님, 저 오빠 교실에 가서 수채화 도구 가져올게요." 등 이때를 기다렸다는 듯이 온갖 이야기들을 쏟아낸다. 무슨 말이든 먼저 와서 해주는 건 참 고마운 일이다. 꼭 깊은 대화가 아니더라도 이런저런 얘기를 나누다 보면 아이를 더 잘 이해할 수 있게 되기 때문이다.

생일파티에 누가 왔는지 들어보면 어떤 아이와 친하게 지내는지 바로 알 수 있고, 선생님의 옷차림에 관심이 많은 아이를 유심히 지켜보면 확실히 미적 감각이 뛰어난 편이다. 오빠네 교실 문이 잠겨서 수채화 도구를 못 빌려왔다는 아이한테는 교실에 있던 물감과 팔레트를 빌려준다. 교실에선 항상 있는 일들이다. 짧고 시시해도 모든 대화에는 정보가 담겨있다.

무엇보다 아이들이 스스럼없이 다가와 말을 건넨다는

것은 선생님을 좋아하고 신뢰한다는 뜻이기 때문에 상당히
기쁘고 감사한 일이다.

> 한 아이가 당신에게 비밀을 털어놓는 믿음을 보였다면
> 그것에 감사하라. 왜냐하면 그의 신뢰는 가장 큰 상이
> 고, 가장 훌륭한 증거이기 때문이다. 하지만 아이는 자
> 기 비밀에 대한 권리를 가지기 때문에 강제로 고백받지
> 말라. 부탁, 속임수, 위협을 써서 강요하지도 말라. 이
> 모든 방법은 똑같이 비열한 짓이고, 당신을 아이에게
> 가까이 데려다주는 것이 아니라, 그들을 당신에게서 멀
> 어지게 한다.[21]

코르차크는 보육원이나 길거리에서 만난 아이들과 수
없이 많은 대화를 나누고, 그것을 기록으로 남겼다. 대화는
보통 말로 하고, 말로 주고받은 내용은 점점 잊혀져 유난히
강하거나 특징적인 말만 기억에 남는다. 그러나 코르차크가
기록한 대화 내용을 보면 정말 섬세하고, 아이의 말을 정확
히 기록하고 있어 아이들의 언어를 이해하는 데 많은 도움
을 준다.

어느 날 헨리크가 친구와 함께 걸어가고 있을 때였다.
한 부랑아가 2년 전에 받았던 20코페이카를 돌려주고
싶다고 소리치며 따라오는 바람에 그들은 깜짝 놀랐다.
"그때 제가 돈을 잃어버렸다고 했잖아요. 그 돈을 가져
가지 않으면 아빠가 절 죽일 거라고요. 다 거짓말이었
어요." 소년은 고백했다. "난 형에게 그 돈을 돌려주려
고 오랫동안 찾고 있었어요."

그 소년이 지저분한 작은 손가락으로 동전을 셀 때, 헨
리크는 전에도 이 방법을 여러 번 썼는지 물었다.

"많이 했어요."

"사람들이 속았어?"

"대부분은요."

"그럼 다른 사람들에게도 돈을 돌려준 적 있어?"

"아니요."

"그럼 나한테는 왜 돌려주는 거야?"

"왜냐면 형이 내 이마에 입 맞춰줬으니까요. 그래서 내
가 한 짓이 미안해졌어요."

"누가 네게 입 맞춰준 게 그렇게 특별했어?"

"그럼요. 엄마가 돌아가셨거든요. 이제 저한테 입 맞춰
줄 사람은 아무도 없어요."

"하지만 거짓말하고 구걸하는 게 나쁜 일이라고 아무도 말해주지 않았니?"

"신부님이 거짓말하는 건 나쁘다고 내게 말해주셨어요. 하지만 누구에게나 하시는 말인걸요."

"그럼 너를 돌봐주고 이끌어주는 다른 분은 없니?"

"아무도 없어요." 소년은 더는 눈물을 참을 수 없어 흐느끼며 말했다.

"아무도 없다고요."[22]

엄마가 돌아가신 아이에게 전해진 코르차크의 따스함은 아이의 마음을 열어 자신의 잘못된 행동을 뉘우치게 한다. 코르차크가 아이의 이마에 입맞춤한 것은 행위이지만, 넓은 의미에서 봤을 때 아이에게 따뜻함을 전하는 일종의 대화라고 볼 수 있다. 입맞춤이 아이의 마음에 울림을 전하고, 아이의 고백을 이끌어냈으며, 결국에는 아이를 변화시켰으니 말이다. 대화는 주로 언어를 통해 전개되지만, 악수나 눈짓, 포옹, 박수 등 다양한 형태로 이루어지기도 한다. 아이와 교감할 수 있고 소통할 수 있다면 어떤 형태든지 간에 모두 대화인 것이다.

그러나 오늘날 교육현장에서 아이와 소통하는 방식은

상당히 제한적인 것이 사실이다. 문제가 불거질 수 있는 경우를 피하다 보니, 말로만 모든 것을 풀어나가야 할 상황을 자주 만난다. 예전엔 아이를 칭찬할 때 머리를 쓰다듬어 주거나 안아주거나 등을 두드려 주었다. 친구들 앞에서 발표하는 아이를 박수로 응원해주기도 했다. 그런데 지금은 되도록 신체적 접촉을 피하고, 경쟁심을 자극하지 않으려다 보니 아이가 잘한 일이 있어도 공개적으로 밝히기가 어려울 때가 있다. 그럴 때마다 적절한 칭찬과 보상을 할 수 없는 교육현장이 안타깝다. 그렇다고 아이들과 소통하기를 멈출 수는 없기에 여러 가지 제약 속에서도 아이들에게 따뜻함을 전할 방법을 계속 찾는다.

내 경우엔 달콤한 과자에 아이들을 향한 따뜻함을 담는다. 육아휴직을 하면서 홈베이킹을 처음 시작했다. 오븐을 사용해야 하니 추운 겨울에는 머핀과 쿠키를 굽고, 낮은 온도에서 잘 굳는 초콜릿과 달고나를 만든다. 봄에는 벚꽃 모양 머랭쿠키도 만든다. 복직한 첫해 어린이날 선물로 아이들에게 머핀과 초콜릿을 입힌 마시멜로를 나눠주었다. 다음 해엔 나무 막대에다 머랭쿠키를 롤링팝처럼 만들어주었다. 설탕이 주재료이다 보니 이 선물이 달갑지 않은 부모님들도 계실지 모르지만, 아이들은 무척 좋아하고 신나했다.

서른 명이나 되는 아이들에게 선물을 나눠주려면 그 전날 퇴근하자마자 과자를 만들기 시작해서 11시까지 작업해야 하지만, 과자를 받고 기뻐할 아이들의 표정을 떠올리면 몇 시간의 수고로움은 감내할 만하다. 몇몇 아이들은 먹고 싶은 걸 꾹 참고 엄마에게 보여준다고 집으로 가져가는데, 그 모습이 귀엽고 사랑스럽다. 하지만 꼭 과자 같은 달콤한 뇌물을 준비할 필요는 없다. 애정 어린 눈빛과 환한 미소, 너그러운 말 한마디. 사랑을 담은 건 무엇이든 아이의 마음을 두드리는 대화가 된다.

금요일 오후. 강당에 아이들이 길게 줄을 서 있다. 아이들의 줄은 조그만 비품실로 이어진다. 비품실은 매주 금요일마다 도박장으로 변신하는 곳이다. 안에는 딜러 한 명이 앉아 있다. 딜러는 물론 코르차크다.

첫 번째로 줄을 선 아이는 여덟 살짜리 악동 소년 예지다. 코르차크가 예지에게 묻는다. "자, 뭐에 걸래?" 아이마다 자신의 나쁜 버릇 하나를 고친다는 데 내기를 거는 것이다. 성공하면 덤으로 사탕이나 초콜릿 몇 개도 받을 수 있다.

"다음 주에는 딱 한 번만 싸운다는 데 걸게요."

"그건 안 될 것 같은데." 코르차크가 내기를 기록하는 장부에서 눈을 떼지 않고 말한다. "너한테 너무 불리해."

"왜요?"

"네가 질 게 뻔하니까. 네가 이번 주에 다섯 명을 팼고, 저번 주에는 여섯을 팼는데, 어떻게 그렇게 갑자기 줄인다는 거야?"

"할 수 있어요."

"네 번 어때?"

"두 번이요."

흥정이 오간 뒤 두 사람은 세 번으로 합의를 본다. 코르차크는 내기 내용을 장부에 적고, 예지에게 격려하는 뜻으로 바구니에서 초콜릿 하나를 꺼내 준다. 예지는 내기에서 이기면 다음 주 금요일에 초콜릿 세 개를 더 받는다. 만약 지면 코르차크가 동정하는 눈길로 격려의 말을 건네고, 위로하는 뜻에서 초콜릿 하나를 주기도 한다. 예지는 자기가 결과를 어떻게 보고하든 코르차크가 따로 확인하지는 않는다는 걸 알고 있다. 서로를 믿고 자율적으로 시행하는 방식이다.[23]

코르차크는 아이가 지킬 수 있는 내기를 해서 성공할 수 있도록 돕는다. 사탕과 초콜릿이 보상으로 따라오는 이 내기는 결코 일방적이지 않다. 일괄적인 지침을 제시한 다음 이를 지킨 아이에겐 상을 주고 지키지 않은 아이에겐 벌을 주는 식으로 간단히 처리할 수도 있는 일이지만, 코르차크는 대화를 통해 아이 스스로 규칙을 정하게 했다. 교육의 과정을 소중히 여기는 그의 면모가 드러나는 일화이다.

금요일마다 보육원 아이들이 길게 줄을 서는 풍경을 떠올렸을 때 이 내기는 상당히 번거로운 일이었을 것이다. 그러나 코르차크는 아이들 한 명 한 명과 만나고 대화하는 시간을 소중하게 생각했고, 그 모든 시간을 교육의 순간이라고 여겼다.

또한 코르차크는 아이들과 대화하면서 무심코 던지는 일방적인 표현들을 경계했다. 우리는 사랑으로 말하지만, 아이는 잔소리로 받아들이는 말이 그것이다.

"신발이 왜 진흙으로 덮였니? 숙제는 했니? 귀 좀 보자. 손톱도 다듬어야지." 이런 말을 내뱉는 입을 꾹 다물어라.[24]

아이들의 행동을 지켜보면 바로 뭔가 고쳐주고 싶은 말들이 우수수 쏟아진다. 하지만 생각나는 것을 곧바로 모두 다 말한다면 아이는 입을 닫을 것이다. 필요 이상으로 아이의 행동을 간섭하는 말은 그의 행동을 변화시키는데 큰 도움을 주지 못한다. 단지 아이의 감정을 상하게 할 뿐이다. 대화를 가로막고 관계를 망치는 일방적인 말들 대신 아이를 인정해주고 사랑을 표현하는 말을 건네는 것. 이것이 코르차크가 말하는 대화의 기술이다.

> 어린이들이 작다고 해서 슬픔도 작은 것은 아닙니다. 어린이들에게도 감정이 있고, 비밀이 있고, 사생활이 있습니다. 어린이들이 작다고 해서 생각도 작은 것이 아닙니다. 어린이들의 생각을 진지하게 받아들이세요. 어린이와 관련된 문제라면 어린이들도 이야기할 자격이 있습니다.[25]

코르차크는 아이들의 말과 몸짓을 넘어 그 마음까지도 충분히 알고 이해하는 공감, 그리고 사랑과 존중이 담긴 대화를 통해 아이들과 사귀었다. 그래서 아이들은 보육원 밖 상황이 어떠하든 그런 코르차크를 믿고 일상을 살아갔다.

내가 원하는 아이의 모습 말고, 내가 예전에 봤던 아이의 모습 말고, 지금 내 앞에 있는 아이와 대화하면서 아이의 마음을 알아갈 때 우리는 아이들에게 한 걸음 더 가까이 다가설 수 있다. 그리고 그 과정에서 배움이 일어난다.

교육자는 아이를 잘 아는 사람이다

아이를 대할 때는 이방인을 대하듯 해야 한다.

코르차크는 아이를 아는 사람이 교육자라고 했다. 그리고 "우리는 아이들을 모른다. 그보다 더 나쁜 것은 우리가 아이들에게 편견을 갖고 있다는 것이다."[26]라며 아이들을 안다고 자만하지 말고, 그들을 미성숙한 존재로 여길 것이 아니라, 새로운 존재로 인식하고 알아갈 것을 제안했다.

어린이를 통하여 나는 경험을 쌓아간다. 어린이로부터 나는 나 자신을 위한 지침을 얻으며, 스스로에게 요구하고 질책하며, 돌이켜보고 혹은 용서한다. 어린이는 교사를 가르치며 교육한다. 교사에게 어린이는 자연의 책이다. 교사는 이 책을 읽으며 성장한다.[27]

교단에 서는 직업을 가진 덕분에 해마다 다양한 아이들을 새롭게 만난다. 공부하길 좋아하는 아이와 나가 놀기를 좋아하는 아이, 글씨를 또박또박 쓰는 아이와 지렁이가 기어가듯이 쓰는 아이, 말이 거친 아이와 고운 아이, 밥을 잘 먹는 아이와 편식하는 아이 등 비슷한 성향끼리 몇 가지 범주로 묶을 수 있지만, 자세히 들여다보면 새삼스레 신기하고 낯선 아이들이 있다. 그 아이들은 모두 새로 읽어야 할 책과 같다. 읽는 데 시간과 노력을 들여야 하지만, 새로운 정보와 감동을 준다. 아이들도 그렇다.

코르차크는 모름지기 교육자는 아이를 잘 알아야 한다고 말했다. 그것도 가정에서 아이를 부르는 애칭까지 알 정도로 자세히 알아야 한다는 것이 그의 생각이었다.

> 교사는 아이들을 잘 알아야 하고, 그 아이들의 엄마가 부르는 애칭으로 말을 걸어야 한다. 아이들의 가족에게도 관심을 기울여 아픈 여동생이 어떤지 물어보고, 직장을 잃은 삼촌에 대해서도 묻는 것이 필수적이다.[28]

코르차크가 말하는 '아이를 안다'는 것은 일반적으로 이름과 나이, 외모 등 표면적인 정보만 아는 것에 그치는 것이 아니라, 깊이 있게 아는 것을 말한다. 아이의 가정환경, 그 안에서 아이가 불리는 애칭까지 알 정도로 아이에 대해 깊고 자세히, 정확히 아는 것이다.

그렇게 아이에 대해 많이 알게 되었다고 해도 '이 아이를 안다'는 섣부른 판단으로 아이를 진단하고 교육하는 것을 경계하라고 코르차크는 말한다. 또한 그 어떤 관련 서적이나 주변의 이야기를 참고하는 것보다 직접 아이를 관찰하며 아이에 대해 알아가기를 권했다.

당신은 왜 한 소년이 더운 날 망토를 입으려 하는지 아는가? 소년은 무릎을 엉성하게 기운 바지를 입고 있고, 공원에는 그가 사랑하는 소녀가 있을 것이기 때문이다. 당신은 이런 터무니없는 행동의 동기를 생각하고 알아내는 데 신경 쓸 겨를이 없다. 그리고 유치한 논리와 상상이라는 사소한 탐구 영역을 조사할 리도 없다. 또 그들의 노력과 취향을 헤아리려는 신실함도 없다.[29]

더운 날 망토를 입은 소년의 마음을 어떻게 짐작할 수 있을까. 코르차크는 긍정적인 면뿐만 아니라 부정적인 면까지 아이를 속속들이 파악하고 싶다면 꾸준히 '관찰'하고, '기록'하라고 말한다. 세심한 관찰과 기록을 통해 아이를 알아가는 것이야말로 코르차크 교육의 특장점이자 그의 교육을 지탱하는 힘이었다.

관찰

학교에서는 학기 첫날부터 체격도 목소리도, 성격도 제
각각인 스무 명 넘는 아이들과 만난다. 문서적 교육과정이
야 이미 정해져 있지만, 그건 시작일 뿐이다. 반 아이들의
특성을 파악하여 교육내용과 방법 등을 총체적으로 수정해
야 하기 때문이다.

초임교사 시절 학교 대표로 교육청 공개수업을 한 적
이 있다. 다행히 수업은 잘 마무리했는데, 끝난 뒤가 문제였
다. 공개수업이라고 나름 얌전히 있었던 아이들이 수업이
끝나자마자 환호를 지르며 복도로 뛰쳐나간 것이다. 참관한
선생님들은 수업을 잘했다고 칭찬해주셨지만, 교실을 나가

76

는 아이들의 무질서한 모습에 교장 선생님께는 질책을 받았었다. 사실 어느 정도 예견된 일이기도 했다. '교실에선 조용히'라는 말을 입에 달고 살았으니까. 활기가 넘치는 아이들이 많아서 늘 시끌벅적했던 우리 반은 체육대회 때 큰일을 냈다. 학년에서 압도적인 1등을 차지한 것이다. 지금 와서 생각해 보면 무엇을 하더라고 신체활동을 꼭 넣어야 했던 아이들이지 않았나 싶다. 그렇게 학기 초에 학급의 특성, 그리고 아이들의 개별적인 특성을 파악하는 것은 매우 중요하다.

몇 해 전 4학년 담임을 맡았을 때의 일이다. 우리 반에 누구나 모범생이라고 말하는 아이가 있었다. 행실도 바르고 공부도 잘하고, 친구들과도 잘 지내고, 가정환경도 좋아서 부족함이 없어 보이던 아이였다. 그런데 4학년을 대상으로 한 〈정서·행동 특성검사〉에서 '일반관리군, 우선관리군, 자살위험' 세 가지 항목 중에서 우선관리군이라는 결과가 나온 것이 아닌가. 깜짝 놀란 나는 아이와 일대일로 만났다.

"지혜야. 요즘에 무슨 일 있어? 혹시 힘든 일이 있으면 선생님한테 얘기해줄래?"

"오빠가 공부를 엄청 잘하는데요. 엄마가 저도 그랬으면 하시고 학원을 많이 보내세요. 그래서 좀 힘들어요."

이렇게 '내가 참 아이를 몰랐구나'하는 순간은 수시로 찾아온다. 그럴 때마다 아이들을 좀 더 알기 위한 여러 노력을 기울인다.

그런 노력 가운데 하나가 3월에 하는 학생 상담이다. 학부모 상담은 학교 단위로 진행하기 때문에 의무적으로 하는 일이지만, 학생 상담은 소홀히 하기 쉽고, 한다고 해도 문제가 발생한 이후에 진행하는 경우가 흔하다. 그래서인지 상담을 한다고 하면 생소해하는 아이들이 많다. "선생님, 상담이 뭐예요?"라고 물으면 "선생님에게 하고 싶은 이야기나 부탁을 하면 돼."라고 답해준다.

빈 교실에서 하루에 한 명씩 상담하는데 학기에 한 번씩은 반 아이들과 모두 만난다. 아이가 쓴 자기소개서, 학부모님이 쓴 가정환경조사서, 상담 사전 기록지, 교실에서 미리 작성한 문장완성검사, 자아존중감 검사지 등 준비 자료를 보면서 아이와 이야기를 나눈다. 자기소개서를 보면 아이가 잘하는 것과 못하는 것, 좋아하는 것과 싫어하는 것을 알 수 있다. 또 가정환경조사서를 보면 동거가족과 형제 관계는 물론이고, 부모님의 당부와 부탁을 파악할 수 있다. 그리고 아이들의 속마음을 엿볼 수 있는 이야깃거리는 보통 문장완성검사에서 나온다. 부모님이 자주 싸워서 걱정이라는 아이, 키가 작아서 고민이라는 아이, 숙제가 많아 힘들다는 아이는 비교적 흔한 경우에 속한다. 몇몇은 생각지도 못한 고민거리를 털어놓는데 동생 시력이 나빠져서 걱정이라는 아이도 있고, 유치원 때 자기를 못생겼다고 놀렸던 남자아이 얘기를 하면서 펑펑 우는 아이도 있다. 몇 년이나 지난 3학년 때 말이다. 초등학생이 심각하게 고민할 게 뭐가 있나 싶지만, 아이들은 저마다 상처와 고민거리를 안고 있다. 아이들의 고민과 고충을 듣고 담임교사로 도울 것은 바로 돕고, 부모님의 도움이 필요한 것은 따로 연락해서 도움을 받는다.

이렇게나 각양각색인 아이들을 잘 교육하기 위해서는 효과적인 교수방법을 아는 것도 도움이 되겠지만, 무엇보다 아이들에 대해 잘 알아야 한다. 나이에 따른 일반적인 아이들의 성향이나 지적 능력 등을 알아두는 것도 중요하지만, 아이들 한 명 한 명을 깊이 아는 것이 필요하다.

누구나 아이였던 시기를 거쳐 어른으로 자란다. 그래서일까. 아이의 생각과 마음을 어느 정도는 안다고 생각한다. 배 속에 열 달을 품었다가 정성껏 키운 내 아이는 더 그렇다. 그러나 어른이 된 지금도 찻길의 연석(緣石)을 보면 어렸을 때처럼 양팔을 들고 그 위를 걷고 싶은 마음이 드는가?

참새나 비둘기를 보면 살금살금 다가가 자세히 들여다보고 싶은 마음이 드는가? 횡단보도를 건널 때 하얀 선만 밟으려 깡충깡충 뛰고 싶은 마음이 드는가? 우리 모두 한때 아이였다고 해서 지금 내 앞에 있는 아이의 속마음을 들여다볼 수 있는 뾰족한 수가 있는 건 아니다. 그래서 코르차크는 아이에 대해 충분히 안다고 생각하고 섣부르게 판단하는 것을 경계한다. 아이를 자세히 관찰한 뒤 진중하게 진단하라고 강조한다.

코르차크가 의사로 일할 때 심하게 우는 아기를 진찰한 적이 있다. 처음엔 아무리 살펴봐도 아기가 왜 울기만 하고 젖을 빨지 못하는지 원인을 찾을 수 없다가 나중에 아기 입천장에 씨앗 껍질이 박혀있는 걸 발견했다. 그것은 아기 요람 위에 있던 카나리아 새장에서 떨어진 것이었다. 유능한 소아과 의사였던 코르차크가 통증의 원인을 찾지 못하고 헤맸던 것은 그가 구강염, 아구창 같은 일반적인 입병만 떠올리며 아이를 진찰했기 때문이다. 그러다가 아기 엄마의 "아기 입안에 문제가 있어서 통증을 느끼는 것 같아요."라는 말을 듣고 다시 자세히 조사하다가 진짜 원인을 발견했던 것이다.

코르차크는 이 일을 두고 "나는 아이를 두 번 정도 세밀하게 조사했을 뿐이다. 그런데 엄마는 얼마나 많이 아기를 살펴보았겠는가?"라고 말했다. 아기를 계속 지켜본 엄마의 말에 귀 기울여 다시 진찰했을 때 통증의 원인을 찾을 수 있었던 이 일화야말로 코르차크가 말하는 관찰의 중요성을 잘 보여주는 사례라고 할 수 있다.

> 아이는 아주 작은 상형문자로 가득한 양피지와 같고, 당신은 단지 그 일부만을 해석할 수 있을 뿐이다.[30]

코르차크는 아이들, 특히 자녀를 잘 안다는 착각에서 벗어나 마치 상형문자를 봤을 때처럼 '이게 뭐지?' 하는 낯선 시선으로 아이를 바라보고 해석하라고 조언한다. 아이의 말 한마디, 무표정, 부스스한 머리, 작은 글씨, 쉬는 시간에 혼자 있는 모습, 잦은 지각, 어두운색만 칠하는 그림 등 아이가 보내는 신호는 무수히 많고 다양하다. 그런 신호를 놓치지 않고 읽어내면 거기서 수많은 정보를 얻을 수 있다.

학부모 상담을 하다 보면 한 해에 한 분 정도는 자녀를 '그 친구'라고 부르는 분이 있다. 그 호칭이 어떤 이유에서, 언제부터 시작되었는지는 모르지만, 그 말을 듣고는 '아이를 낯설게 보기에는 저것도 좋은 방법이네.' 하는 생각이 들었다. 상담하면서 가장 안타까운 순간은 아이를 잘 알지 못하고, 오히려 오해하는 부모님을 만날 때이다. 칭찬을 유난히 좋아하는 아이인데 강압적인 환경에 노출되어 있다는 신호가 보일 때, 그림을 정말 잘 그리고 또 좋아하는 아이인데 다니던 미술 학원은 그만 보내고 수학 학원을 보내겠다는 부모님을 봐도 그렇다. 또 간혹 학교에서 있었던 일을 알려 드리면 '우리 애가 절대 그럴 리 없다'라고 반응하는 부모님들도 참 많다. 그러나 내 자녀라고 해도 아이에 대해 속속들이 알 수 있는 것은 아니다.

하지만 코르차크는 전쟁이라는 악조건에서도 이백 명이나 되는 고아들을 돌보며 아이에 대해 아는 것을 소홀히 하지 않았다.

목장에서 일하는 사람은 공놀이보다 카드놀이를 더 좋아한다. 온종일 소 뒤를 쫓아다니며 충분히 뛰었기 때문이다. … 아기를 돌봐야 하는 아이는 결코 인형을 가지고 놀지 않는다. 그 대신에 짜증 나는 의무에서 빠져나가려고 애쓴다.[31]

코르차크는 가르치는 사람이 아이들에 대해 알지 못하

면 그들의 필요와 욕구를 파악할 수 없으므로 적절한 교육이 이루어질 수 없다고 말했다. 아이들을 잘 알기 위해 그가 강조한 방법은 아이를 세심히 지켜보는 것, 바로 관찰이다.

> 제발 신중하게 보라(코르차크는 마치 지도를 가리키듯 지팡이로 무대 위에 아이들을 가리킨다). 오른쪽 두 명이 억울해하는 눈빛을 교환하는 건 서로를 싫어하기 때문이다. 그들의 침대를 가까이 두면 안 된다.[32]

코르차크는 아이들의 표정, 눈빛, 일과 등을 세밀하게 관찰했고, 그 결과를 바탕으로 아이들을 교육하고 침대 배치까지 신경 썼다.

'아이를 안다'라고 생각하는 순간 우리는 관찰하기를 멈춘다. 그게 가장 위험하다. 아이는 일 년 전과 다르고, 한 달 전과 다르고, 어제와 다르기 때문이다. 아이가 자라면서 조금씩 달라지는 신체 변화는 금방 알아채고 새 옷과 신발을 마련해준다. 그러나 아이가 지금 무엇에 관심이 있는지, 무엇이 되고 싶은지, 어떤 과목을 가장 좋아하는지, 누구와 친하게 지내는지를 아는 것은 아이를 지켜보고 대화가 오가야지만 가능한 일이다.

몇 해 전에 관찰의 중요성에 대해 말하는 행동심리학 책을 우연히 본 적 있다. 책을 읽고 난 뒤 식사 시간에 아이를 주의 깊게 관찰하니 재미있는 사실을 발견할 수 있었다. 아이가 다음에 어떤 반찬을 먹을지 알 수 있었던 것이다. 마술 같지만, 비법은 아주 단순했다. 바로 아이의 시선만 그대로 따라가면 됐기 때문이다. 아이는 입속에 든 음식을 씹으면서도 눈으로는 다음에 먹을 반찬을 쳐다보고 있었다. 맛있는 반찬이 하나 남았을 때 "엄마가 드세요."라고 말하면서 그 반찬에서 시선을 떼지 못할 때도 있다. 그 시선이 유달리 뜨거울 때 양보해준 아이의 마음만 받아먹고 음식은 사양한다.

아이를 예민하게 관찰할 때 그에게 필요한 것을 알 수 있고, 적절한 교육이 이뤄질 수 있다고 믿었던 코르차크는 아이를 가르치는 것은 진단을 내리는 행위와 비슷하지만, 교육할 때는 좀 더 신중함을 발휘해야 한다고 주장했다.

우리에게 지난 백 년 동안 치료소가 병원이었다. 그 반면 교육기관은 이 목적을 위해 시작도 못 하고 있다.[33]

그러면서 교육이 의학과 비교해서 임상적 연구나 통계

의 중요성을 인식하지 못하고 자료들을 누적하지 않은 채 쉽게 단정 짓고 아이들을 가르쳤던 경솔함을 인정해야 한다고 말한다. 코르차크는 체계적이고 누적적인 관찰을 통해 아이들을 알아갈 것을 제안한다. 우리는 아이들을, 그리고 아이들이 가진 것을 작고 하찮게 여기곤 하지만, 그들에겐 우리와는 다른 가치관이 있고 숨겨진 비밀이 있기에 언제나 아이들을 새로운 눈과 마음으로 대하려고 노력해야 한다는 것이다.

아이들은 어른과 다르게 생각하고, 이성보다 감정이 앞선다. 그래서 아이들을 이해하는 것이 어렵다. 그토록 오랜 시간 수많은 아이와 만났고 아이들을 깊이 연구했음에도 '아이를 모른다'라고 말한 코르차크의 고백에서 아이와 교육에 대한 그의 신중함을 엿볼 수 있다.

코르차크가 아이를 아는 방법으로 관찰을 중시했던 것은 섬세한 시선으로 아이를 지켜볼 때 아이에 관한 정보를 수집할 수 있거니와 그것이 교육의 필요조건이라 생각했기 때문이다.

아이를 예민하게 관찰하는 교육자는 그 아이에게 어떻게 하면 알 수 있고, 어떻게 자기 자신을 이기는지에 대

한 계획을 제공할 수 있다.[34]

우리는 아이와의 친밀한 대화를 통해서 아이의 꿈을 찾아내고, 공동체 속에서의 아이를 관찰함으로써 그의 가능성을 기록한다. 여기서 우리는 사람들에 대한 그의 태도를 알게 된다. 즉 그 태도 뒤에 숨은 동기를 알게 되는 것이다. 만약 우리가 혼자 있는 아이를 만난다면 우리는 그 아이의 단면만 알게 될 뿐이다.[35]

코르차크는 30여 년 동안 보육원을 운영하면서 수많은 아이와 사귀었고, 아이들을 세밀하게 관찰하면서 온갖 종류의 정보를 기록했다. 이런 태도는 여름휴가 때 짧게 만난 아이들을 대할 때도 마찬가지였다.

코르차크는 가족들과 함께 온 소년들, 그리고 뒤처져서 혼자 있는 소년들, 깨끗한 아이들과 방치된 아이들을 지켜봤다. 그리고 3주 뒤에 만나게 될 가족들과 인사를 할 때 그들이 보인 걱정을 기록했다. 아이들이 둘씩 줄을 설 때 보이는 무서움과 수줍음도 기록했다.[36]

코르차크가 아이들을 아는 방법으로 관찰을 강조한 배

경에는 그의 의사로서의 경험이 커다란 영향을 주었다.

나는 연구 기술과 과학적 사고의 엄격함을 의학에서 배
웠다. 나는 의사로서 징후들을 알아본다. 피부에 난 종
기를 보고, 기침 소리를 듣고, 체온이 올라가는 것을 느
낀다. 후각으론 아이의 입에서 아세톤 냄새가 나는 것
을 확인한다. 이 모든 증거를 토대로 감춰져 있던 무언
가를 발견한다. 교육자로서 나는 마찬가지로 징후들을
다룬다. 미소, 웃음소리, 홍조, 울음, 하품, 한숨 소리 등
등.[37]
모든 것은 교육자에게 매우 의미가 있다. 관찰하거나
기억한 것, 수첩에 적힌 내용은 가치 있는 진단 자료가
된다.[38]

이렇듯 세밀하고 꾸준한 관찰을 통해 알게 된 아이의
모습을 코르차크는 다음과 같이 정의했다.

어린이는 없고, 단지 사람일 뿐이다. 그러나 다른 개념,
다른 경험, 다른 감정적 반응을 보인다. 우리가 그들에
대해 모른다는 것을 기억하라.[39]

코르차크는 아이들을 작고 연약한 면을 가지고 있지만, 그 안에 신이 내재한 존재로 보았다. 그래서 아이를 어른보다 '작은 사람' 또는 '부족한 사람', '미성숙한 존재'로 여기지 않고, 그저 어른과 같은 '한 사람'으로 대했다.

코르차크는 우리가 보통 큰 것이 작은 것보다 더 좋고 중요하다고 배워왔기 때문에 아이를 가르쳐야 하고 도와줘야 하는 존재로 알고 있는 것일 뿐, 실제로 아이는 우리와 동등한 존재이므로 우리가 그들에게 맞춰야 한다고 말했다. 어른인 우리가 지시하고 명령하는 것을 무조건 수용하고 따라야 하는 존재가 아니라, 나름의 삶을 살아가는 존재라고 본 것이다. 아이가 어른과 다른 점은 단지 인생 경험이 부족하다는 것과 아직 어른의 언어에 익숙하지 않기 때문이라는 것이 코르차크의 생각이었다. 그의 말에 따르면 아이를 어른과 같은 한 존재로 인정하고 새롭게 관찰할 때 우리는 비로소 아이를 알아갈 수 있다.

아이들은 아침 6시에 일어난다. "여러분 일어나세요!" 당신은 말하고, 그걸로 끝이다. 사실 당신이 백 명의 아이들에게 일어나라고 말하면 여든 명의 '보통' 아이들은 그렇게 할 것이다. 그들은 옷을 입고, 세수하고, 아침

식사 종소리를 기다릴 것이다. 그러나 여덟 명에게는 두 번, 다섯 명에게는 세 번 말해야 한다. 세 명에겐 소리를 질러야 한다. 그리고 두 명은 흔들어 깨워야 한다. 한 명은 머리가 아프고, 한 명은 몸이 좋지 않다고 말할 텐데, 어쩌면 그건 거짓말일지도 모른다.[40]

정말 그렇다. 학교에서 아이들을 줄 세울 때면 다양한 모습이 목격된다. 교실에서 먼저 나와서 알아서 줄을 서는 아이도 있고, 항상 늦게 나와 마지막에 어물쩍어물쩍 줄을 서는 아이도 있다. 줄을 서고도 떠들고 장난치느라 바쁜 아이도 있다. 아이들은 모두 달라서 제각기 행동하고, 필요로 하는 것도 다 다르다. 이것이 교사들이 늘 깨어있어야 하고, 아이들을 세심하게 관찰해야 하는 이유이다. 그래서 코르차크는 살아있는 곤충을 연구했던 파브르처럼 관찰과 기록하기를 쉬지 않았다.

위대한 프랑스 곤충학자인 파브르는 한 마리의 곤충도 죽이지 않고 곤충에 관한 역사적 관찰을 했다고 자부한다. 파브르는 곤충들의 비행과 습성, 기쁨과 슬픔 같은 감정까지 연구했다. 그는 곤충들이 햇살 아래에서 놀고, 전쟁에서 싸우다가 죽고, 먹이를 찾고, 보금자리를 짓고, 비축 식량을 모으는 모습 등을 날카롭게 관찰했다. 그는 결코 곤충을 해부한 적이 없다. 신중한 눈으로 거의 인지할 수 없는 곤충들의 움직임 속에서 자연의 웅장한 법칙을 유심히 지켜보았을 뿐이다. 그는 한 사람의 교사였다. 그는 맨눈으로 연구했다. 교사들이여, 어린이 세계의 파브르가 되시라![41]

'어린이 세계의 파브르가 되시라!' 이 얼마나 코르차크다운 표현인가. 코르차크의 가르침대로 아이들을 대할 때는 아무리 사소한 것이라도 무시하지 말고 눈여겨봐야 한다. 조심스럽고 정교한 관찰 기록이 쌓일수록 우리는 어린이의 세계를 이해하게 된다.

허드렛일을 하는 사람이 깔끔하게 정리할 수 있게 식탁 위를 재빨리 치워야 한다. 식기를 수거하면서 금이 간 접시, 굽은 숟가락, 흠집이 난 그릇 등을 확인한다. 조심성 없이 식사하는 사람들이 숟가락이나 칼, 소금통을 제자리에 두는 대신에 어떻게 놓는지도 확인한다. 그들 중 몇몇은 귀족 같고, 또 몇몇은 무례하다. 또 추가로

지급되는 것들이 어떻게 분배되는지, 누가 같이 앉아 식사하는지도 지켜본다. 그리고 거기서 몇 가지 아이디어를 얻는다. 무슨 일을 해도 절대로 생각 없이 일하지 않는다. 이 웨이터 일은 내게 아주 쓸모가 있다.[42]

코르차크는 식탁을 닦으면서 보육원 식기와 배급 상태, 아이들의 식사예절과 교우 관계까지 파악했다. 그는 보육원에서 일하는 모든 사람이 아이들을 세심하게 관찰하기를 바랐다. 수련생들도 예외는 아니었다.

메르잔은 코르차크가 수련생들이 '자주', '좀처럼~ 않는', '많은', '적은' 같은 애매한 표현을 허용하지 않았다는 것을 기억한다. 코르차크는 이렇게 물었다. "정확히 얼마나 여러 번 그가 그 소년을 때렸나?" 또는 "그가 얼마나 오래 울었나?"[43]

이다 메르잔(Ida Merzan)은 전쟁 전에 '고아들의 집'인 돔 시에로트에서 일한 수련생이었다. 돔 시에로트는 아이들 스스로 의회와 법정을 열고, 신문을 발행하는 등 그 당시로서는 혁신적인 교육활동이 펼쳐지고 있던 곳이었기 때문에 견학하려는 사람과 실습하려는 사람들로 늘 붐볐다. 지원자들은 까다로운 선발과정을 통과해야지만 수련생으로 일할 수 있었다.

내 경험에 따르면 수업시간 내내 엎드려 있는 아이, 여름에도 털실내화를 신는 아이, 피가 날 정도로 손톱을 물어뜯는 아이는 뭔가 문제가 있어 보이지만, 저마다 우리에게 신호를 보내는 중이다. 수업시간에 엎드려 있던 아이는 새벽까지 학원 숙제를 하느라 몰려오는 졸음을 참을 수 없었던 탓이고, 여름에 털실내화를 신은 아이는 부모님이 바쁘셔서 계절이 바뀌는 봄에 발이 커진 아이에게 미처 새 실내화를 챙겨주지 못한 게 그 이유이다. 그리고 손톱을 물어뜯는 아이는 대체로 불안이 높다.

아침에 등교하는 모습도 제각각이다. "안녕!" 하고 친구들한테 크게 인사하며 들어오는 아이도 있지만, 무표정으로 조용히 들어오는 아이도 있다. 또 오자마자 "선생님, 저 만들기 준비물 놓고 왔는데 다시 가서 가져와도 돼요?"라며 걱정하는 아이, 침울한 표정에 아침부터 눈물이 그렁그렁한 아이도 있다. 금방이라도 눈물을 펑펑 쏟을 것 같은 아이를 조용히 불러서 이유를 물어봤더니, 아침에 엄마 아빠가 이혼하자고 소리를 지르며 싸웠다고 했다. 그 장면을 등지고 나온 아이는 당연히 눈물을 참을 수 없었을 것이다. 아이를 가만히 안아주며 선생님도 부부싸움을 한다고, 그렇지만 나중에 대화하고 화해하면 된다고, 그리고 네 잘못은 없다고 말해준다.

예전에는 아이들이 배워야 할 중요한 것을 미리 생각하고, 어떻게 해야 재미있게 가르칠 수 있을까를 고민했다면, 지금은 반 분위기와 학급 구성원의 조건 등을 파악하고, 그에 적합한 내용과 방법을 찾아 가르치려 노력한다.

한번은 3학년 수업을 하다가 한복에 관한 내용이 나온 적이 있다. 생각보다 아이들이 많은 관심을 보이는 데다가 마침 추석 연휴를 앞두고 있던 때라 "우리 내일 한복 입고 올까요?"라고 물어봤다. 아이들을 입을 모아 좋다고 했다. 한복이 없는 아이는 학교 예절실에 있는 한복을 입기로 했다. 다음 날 한복을 입은 기분이 어떠냐고 물으니 촉감이 부드러워서 좋다는 아이도 있고, 호박단추가 맘에 든다는 아이도 있었다. 아이들은 오전 내내 한복을 입고 수업을 들었다. 친한 친구들끼리는 한복을 서로 바꿔 입고서 예쁘다며 난리가 났다. 단체사진을 남기는 것으로 특별했던 하루가 마무리되었다. 물론 수업시간에 학습 진도를 나가지 않는 것과 갑자기 준비물이 필요한 번거로움에 이런 교육활동이 달갑지 않은 분도 있었을 것이다. 하지만 아이들은 스스로 결정하는 과정에서 많은 것을 배운다. 수업을 하다가 새로운 지식과 경험에 반짝이는 아이들의 눈을 발견하는 것은 교사에겐 큰 즐거움이다.

모든 것이 첨단화되면서 AI 기반 기술이 지원하는 교육, 교실 자동화를 향한 발전도 빠르게 이루어지고 있다. 《로봇은 교사를 대체할 것인가》라는 책에서는 이런 변화 속에서 간과해서는 안 되는 점 중 하나로 무언가를 즉흥적으로 '실행'하는 교사의 능력을 꼽는다.

좋은 가르침의 핵심은 즉흥적으로 행동하는 인간의 능력이다. 교사들은 미리 계획한 대본에 얽매이지 않고 상황에 따라 그들이 하는 일을 조정한다. 대부분의 공연 행사와 마찬가지로 모든 교육활동은 대략적인 계획이나 구조가 있다. 하지만 훌륭한 교사는 미리 계획한 목적과 목표를 이루기 위해 노력하되 즉흥적으로 행동할 것이다. 가르치는 일에는 춤이나 재즈 연주와 유사한 창의성, 혁신성, 자발성이 필요하다. 가르침은 때로는 모호하고, 어수선하며, 모르는 것에 대한 인내심을 요구한다. 마찬가지로 대부분의 인간 행동은 어느 정도의 추측, 자신감, 그리고 기꺼이 '해내려는' 의지를 수반한다. 컴퓨터 시스템의 '유한한 응답의 무한한 공급'이 있더라도, 이런 것들은 궁극적으로 AI가 대체할 수 없는 과정들이다.[44]

AI가 대체할 수 없는 인간 교사만의 능력인 적절한 교육을 즉흥적으로 실행하는 것은, 결국 아이를 잘 알아야만 가능한 일이다. 그리고 이런 교육은 코르차크가 항상 강조했던 세심한 관찰을 기반으로 이루어질 수 있다. 교육자와 학습자가 서로를 느끼고, 공통점을 찾아내는 일도 관찰을 통해 가능하다. '어린이 세계의 파브르가 되시라!'는 말을 기억한다면 아이들을 아는 통로로 관찰을 중시했던 코르차크의 가르침에 한 걸음 더 다가설 수 있을 것이다.

기록

기록하지 않으면 잊어버린다. 누구나 아는 사실이지만 정작 기록을 즐겨 하는 사람은 많지 않다. 기록이 가진 장점에는 공감해도 기록을 남기는 행위 자체는 상당히 번거롭다고 생각하기 때문일 것이다. 무언가를 기록하려면 일단 펜과 노트가 있어야 하고, 노력과 시간도 들여야 한다. 요즘엔 스마트 기기로 메모하거나 사진 또는 동영상으로 촬영하는 등 기록을 남기는 방식이 한층 편리해졌지만 말이다.

나는 정류장이나 소나무 아래 초원에서 그루터기에 앉아 글을 쓰곤 했다. 모든 것이 중요해 보였고, 그걸 기

록하지 않는다면 곧 잊어버릴 것 같았다.[45]

본격적으로 아이들을 돌보면서 코르차크가 남긴 기록
물은 더 어마어마하다. 그는 아이들을 관찰한 내용과 아이
들에게 일어난 일들을 빠짐없이 기록했다. 심지어 전쟁에
참전했을 때나 시시각각 죽음이 다가오는 게토 안에서도 기
록물을 남겼다.*

코르차크는 경솔하지 않은 교육을 위해 아이들에 관한
수많은 자료를 보물처럼 여겼고, 25년에 걸쳐 모은 각
종 자료로 서른네 개의 기록 상자를 만들었다. 그러나
자기 생각을 작은 글씨로 급히 적은 노트들, 편지들과
수집품들, 아동발달에 관한 책을 만들기 위해 30년 넘
게 수집한 아이들의 체중과 키, 수면습관을 관찰한 자
료들, 폴란드어뿐만 아니라 프랑스어, 독일어, 러시아어
로 쓰인 문학 서적과 과학 서적들, 그리고 그가 쓰고자
계획했던 책의 원고들은 모두 전쟁 중에 불태워졌다.

---

* 1939년 게토에서 쓰기 시작한 일기의 마지막 날짜는 1942년 8월 4일이다. 불
과 이틀 후에 코르차크는 아이들과 함께 가스실로 가는 기차에 올랐다.

그나마 게토에서 썼던 마지막 일기가 몰래 빼돌려져서 비엘라니 교외에 있는 보육원 벽에 밀봉되었고, 전쟁이 끝난 후 회수되었다.[46]

한 번이라도 방문한 적이 있는 병원이라면 진료 날짜, 그때의 증상, 또 어떻게 치료했고 처방했는지가 모두 기록으로 남아있다. 그 기록을 기준으로 의사는 치료법을 바꾸거나 복용량을 조절한다. 코르차크는 의사였기 때문에 꾸준한 관찰과 기록의 중요성에 대해 익히 알고 있었다. 그는 오랫동안 중요하다고 생각하는 것들을 습관적으로 기록해왔다. 일례로 보육원에 새로운 아이가 들어오면 기본적으로 키, 몸무게, 치아와 건강 상태 등을 확인한 뒤 이를 구체적으로 기록했다. 그리고 매주 그 내용을 갱신했다. 이때 코르차크가 남긴 기록을 요약하면 다음과 같다.

- 이름을 확인하고 같은 이름이 많으면 바꾼다.
- 머릿니가 옮지 않게 머리를 짧게 깎는다.
- 몸무게를 재고, 개인별 체중기록표에 기록한다.
- 아이의 눈을 자세히 살피고, 목구멍을 들여다보고, 가슴에 귀나 청진기를 대보고, 체취를 맡고, 기분 상태가 어떤지 알아본다.

아이들의 몸무게를 재는 일은 의사로서 당연히 해야 하는 일이었지만, 코르차크에겐 성장의 아름다움을 느끼게 해주는 즐거운 작업이기도 했다.

같은 초등학교에 다닌다는 건 비슷한 주거지에서 살고 있으며, 거기다 같은 학년이라는 건 부모님 나이대 역시 비슷할 확률이 높다는 얘기다. 하지만 아이들은 참 제각각이다. 고운 말만 쓰는 아이가 있는가 하면 할아버지 말투를 쓰는 아이도 있고, 부정적인 말을 습관적으로 내뱉는 아이도 있다. 표정, 옷차림, 자세, 학습 태도, 집중력 등 무엇 하나 같은 아이가 없다.

선생님이 보고 있다는 걸 전혀 모르는지 수업시간에 코 파기에 열중하는 아이, 이유 없이 계속 가위만 만지작거리는 아이, 갑자기 소리를 꽥 지르는 아이, 자기가 발표하겠다고 맨날 "저요! 저요!" 하고 소리치는 아이, 하교할 때까지 입 한 번 안 떼는 아이 등 셀 수 없이 다양하다. 그런데 아이들의 어떤 말과 행동은 해마다 반복된다. 미술 시간이 아닌데도 계속 가위를 만지작거리는 아이는 언제나 있다. 코 파는 아이도, "안 돼!", "망했다!" 같은 말을 입버릇처럼 달고 사는 아이도 항상 있다.

부정적인 말을 입에 달고 사는 아이들과는 양파실험을

꼭 한다. 두 개의 양파를 각각 다른 통에 넣어 키우면서 한 쪽에는 긍정의 말을 하고, 다른 양파엔 부정의 말을 하면서 두 개의 양파가 어떻게 성장하는지 관찰하게 한다. 긍정의 말과 부정의 말이 어떤 영향을 미치는지 설명하는 영상을 보여주기도 하고, 스스로에게 성취감을 주는 긍정적인 말인 자성예언을 열 개씩 소리 내어 읽어보게 하기도 한다. 가정 에도 안내문을 보내 이런 활동이 집에서도 이어질 수 있도 록 협조를 구한다.

비슷한 행동 패턴을 보이는 아이들을 만날 때 그전부 터 쌓아온 데이터가 있다면 돌발 행동에도 당황하지 않고 반사적으로 대응할 수 있다. 교육현장에서 관찰과 기록이 중요한 이유가 여기 있다.

의사가 상당한 기록과 관찰, 연구 자료를 바탕으로 신 중한 처방과 진단을 내린다는 사실을 잘 알고 있던 코르차 크는 교육현장에서 일어나는 상당히 충동적이며 일시적으 로 보이는 일들을 안타까워했다.

우리가 관찰하는 방식 또한 성급하며, 우리가 지식을 얻는 방식은 부주의하다.[47]

신중한 교육을 강조했던 코르차크는 아이들을 돌보는 분주한 일상 속에서도 수많은 기록을 남겼다. 심지어 포화가 날리는 전쟁 중에서도 글쓰기를 멈추지 않았다. 수십 년에 걸쳐 아이들을 세심히 관찰하고 분석한 자료들은 우리에게 기록의 중요성을 일깨워준다.

기록: 교사가 말한다. "마녀는 없어요." 평소 조용한 학생인 즈비작이 한참 생각하더니 스스로에게 속삭인다. "하지만 분명히 마녀가 있는걸."

분석: 얼마나 자주 가정에서의 권위와 학교에서의 권위가 충돌하는가! 때때로 어른들의 권위는 성숙한 학생의 권위에 반드시 양보되어야 한다.[48]

기록: "아직도 모르겠어요? 아주 여러 번이나 반복했는데 말이죠. 부끄러워하세요."

분석: 안타깝게도 아이는 알지 못한다. 질책하는 대신에 "왜?"라고 질문을 던져라. 만약 의사가 자신의 환자에게 이렇게 말한다면 어떨까? "부끄러워하세요. 약 한 병을 전부 썼는데도 기침을 계속 하고 맥박이 약하네요. 그리고 배변 활동도 못 했고요."[49]

코르차크가 학생 개개인에 대해 남긴 기록은 그 아이의 말과 행동을 이해하는 좋은 단서가 된다.

헤네츠카, 이 아이를 어떻게 묘사하는 것이 좋을까? 헤네츠카는 뛰어난 머리를 가졌다. 그녀는 '세상 물정을 아는' 아이다. 당신은 그 애를 궁지로 몰거나 유혹할 수 없을 것이다. 헤네츠카는 '다루기 어려운' 아이지만, 또 '가장 뛰어난' 아이다. 그리고 동시에 이 아이는 자신의 한계를 안다. 헤네츠카에게 사랑스러움이 부족하다고 말하는 건 적절하지 않다. 누구든 헤네츠카가 용감한 사람으로 자랄 거라고 믿어 의심치 않을 것이다.[50]

코르차크가 남긴 기록들을 살펴보면 대화 자체를 고스란히 옮겨놓은 메모가 상당히 많다. 마치 녹취한 것처럼 꽤 많은 분량의 대화문이 남아있는데, 당시 상황을 정확하게 기록하고자 했던 그의 노력이 엿보이는 대목이다. 이런 대화글은 그 장면에 몰입하게 해줄뿐더러 읽는 이의 온전한 이해를 돕는다.

"하루에 얼마나 많은 담배를 피우나요, 선생님. 아마 오

십 개?”

“아니요, 스무 개비요.”

“흡연은 건강에 나빠요. 언젠가 한 남자애가 담배 연기를 종이 위로 불었을 때 종이가 노랗게 변했다고요.”

“담배를 피워본 적이 있나요?”

“왜 아니겠어요?”

“보육원에서요?”

“아니요. 형이랑 같이 살았을 때요.”

“담배는 어디서 구했나요?”

“사람들이 테이블 위에 뒀을 때나 아니면 옷장 위에서 찾았어요. 담배를 피울 때 어지러움을 느끼나요?”

“어쩌면 조금은요.”

“저는 어지럽더군요. 담배에 중독되고 싶지 않았어요.”

— 잠깐의 정적

“날이 따뜻해지면 말을 같이 타기로 했죠?” (이것은 그에게 중요한 일이다. 그는 나와의 약속을 기억한다.)

“말을 타는 것보다 가만히 있는 게 좋을 것 같은데요.”

“그래요, 하지만 저는 테르노필까지 가는 걸 생각하고 있어요.”

“말들은 차를 무서워한답니다.”

"그게 뭐 어떻다는 건가요? 한 마리라도 좋아요. 조금이라도 저희를 태워줄 수 있다면…"

"만약에 말이 사방으로 뛰어오르면 어떻게 하겠어요?"

나는 그에게 언젠가 웜자 근처의 산에서 말 한 마리가 거의 거꾸러질 뻔한 적이 있다고 말한다.

스테판이 자러 가기 위해 일어선다. 난 손목시계의 태엽을 감는다.

"손목시계는 양쪽으로 다 감을 수 있죠? 그렇죠?"

나는 그에게 내 시계의 태엽 역시 양쪽으로 감을 수 있다는 것을 보여준다.

나는 내가 적은 기록들을 정리한다.

"선생님, 저 펜촉을 새로 갈았어요. 원래 쓰던 펜촉이 종이를 자꾸 긁어서요."

"테이블 위에서 글을 쓰니까 그렇게 빨리 닳는 거랍니다. 나무는 펜촉을 무디게 해요."

지금에 이르러서야 나는 아무렇지 않게 그의 평소 나쁜 버릇을 언급한다. 여러 번 관찰에서 나온 이런 언급은 더 무겁게 전달된다.

— 침묵

"왜 그렇게 많은 종이를 찢어 버리시나요?"

나는 서둘러서 기록을 남기는 것이 어떤 것인지, 그것들을 철두철미하게 고치는 작업이 어떤 식으로 이루어지는지 설명한다.

"예를 들어 한 환자에 관해 기록을 남깁니다. 기침, 열 등등. 그리고 그다음에, 시간이 있을 때 제대로 고쳐 쓰는 거예요."[51]

학교에 있다 보면 '서둘러서 기록을 남기는 것'의 중요성을 깨닫게 된다. 내가 남기고 싶은 것은 편안하고 조용하고, 순조로운 순간의 기록이다. 그런데 서둘러서 기록을 남기지 않으면 기억하고 싶은 아름다운 순간은 빨리 잊힌다. 그 대신에 심각하고 엉망진창이었던 순간만 머릿속에 남는다. 그래서 우리 반에서 일어났던 일들을 매일매일 '학급역사'로 기록하고 있다. 1년 동안 아이들의 글과 그림, 사진들을 모아 학급문집도 만든다. 이런 기록들은 학생들에겐 소중한 추억거리가 되고, 교사에겐 아이들을 이해하는 귀중한 자료가 된다. 이를 누구보다 잘 알고 있던 코르차크는 교육현장에 녹음이나 녹화가 필요할 것을 예상하기도 했다.

미래에는, 모든 교사가 속기사와 촬영기사를 갖게 될

것이다. 그리고 녹음기와 라디오도.[52]

아이들을 돌보며 기록의 중요성에 대해 더 깊이 공감했던 코르차크는 그 어떤 상황에서도 기록하기를 멈추지 않았다. 심지어 죽음을 목전에 둔 게토에서도 마찬가지였다.

지금은 1942년이다. 5월이다. 올해 5월은 춥다. 그리고 오늘 밤은 모든 밤 중에서도 가장 조용하다. 아침 5시다. 어린아이들은 자고 있다. 이백 명의 아이가 있다. 동쪽 편에는 스테파가 있고, 나는 '고독'으로 불리는 서쪽 편에 있다.[53]
내 침대는 방 가운데에 있다. 침대 아래에는 보드카 한 병이 있다. 밤에는 탁자 위에 흑빵과 물병을 둔다.[54]

코르차크가 게토에서 쓴 일기를 보면 한 줄 한 줄이 마치 그가 매일 살아있음을 증명해내는 어떤 사투처럼 느껴진다. 특히 게토에서 보낸 마지막 해의 5월에서 8월 사이에 쓴 글을 보면 주변 상황에 대한 묘사보다 단상의 기록이 많다. 전쟁 중에, 그것도 게토라는 아주 위협적이고 제한적인 상황에서도 코르차크는 일기를 쓰며, 자신의 생각을 정리하는 일에 집중했다. 깊은 밤이나 동이 터 오르는 새벽녘, 시간을 가리지 않고 잉크가 떨어질 때까지 쓴 그의 일기를 보면 보육원 아이들, 죽음, 안락사, 신출내기를 길들이는 방법 같은 온갖 이야기가 나온다.

달갑지 않은 신출내기를 다루는 데는 네 가지 방법이 있다.

1. 뇌물을 주는 것. 그들을 당신 무리에 들어오게 하고 그들을 속이는 것.

2. 그들의 의견이 무엇이든 간에 동의하고, 그들이 경계를 풀 때 당신 좋을 대로 하는 것.

3. 남의 눈에 띄지 않다가 적당한 때가 오길 기다려 그들을 망신 주는 것.

4. 그들을 지치게 두는 것. 그러면 떠나가든지 염탐을 멈추든지 할 것이다.[55]

원래 코르차크는 유머와 재치가 넘치고, 이야기하기를 좋아하는 사람이었다. 비록 유대인에 대한 반발로 라디오 프로그램이 없어지긴 했지만, 전국적으로 많은 애청자를 거느렸던 인기 진행자였던 사실은 그가 타고난 이야기꾼임을 증명한다. 게토 일기에는 앞으로 그가 쓸 열 권의 책에 대한 계획도 기록되어 있어 있는데, 어떤 이유에선지 아홉 번째 책에 대한 기록은 없다.

지금은 밤이다. 나는 밤과, 잠든 아이들에 대해 기록하고 있다. 서른네 개의 종이 묶음들은 기록으로 차 있다. 이것이 그토록 내 기억들을 쓰려고 마음먹은 이유이다.

1. 보육원에서의 밤과 평범하게 자는 아이들에 대한 두꺼운 책.

2. 팔레스타인을 배경으로 한 두 권의 소설이다. 샘이 졸졸 흐르는 길보아산 근처에서 이제 막 결혼한 할루츠(Halutz, 개척이민) 커플의 첫날 밤이다. 그 산과 샘에 관해서는 모세의 책에 있다(만일 내게 시간이 있다면 나의 그 샘은 더 깊어질 것이다.).

3,4,5,6. 몇 년 전 나는 아이들을 위한 작품으로 파스퇴르의 삶에 관해 썼다. 그리고 그 연속 시리즈로 12명을 더 추가하려고 한다. 페스탈로치, 다 빈치, 크로폿킨, 피우수트스키, 파브르, 물타툴리, 러스킨, 멘델, 나우코프스키, 슈체파노프스키, 디가신스키, 다윗. 나우코프스키(Nałkowski)에 대해 들어본 적 있는가? 세상은 폴란드의

많은 위인을 거의 모른다.

7. 몇 년 전에 난 매트 왕에 대한 소설을 썼다. 이제 어린이가 왕이 될 때가 왔다. 다윗 왕은 그다음이다.

8. 왜 어린이들의 키와 몸무게를 적은 오백 건의 자료들을 낭비하는가, 왜 인간 성장의 즐거운 과정을 기록하지 않는가?

10. 자서전. 그렇다. 나에 대해, 작지만 중요한 나 자신에 대해 기록할 것이다. 누군가 매섭게 말했다. 지구가 그 공간에 있던 진흙으로 얼룩진다고. 그리고 인간은 경력을 쌓아가는 동물이라고.[56]

코르차크의 게토 일기는 종전 후 발견되었다. 일기에는 실제 벌어진 사건과 함께 실명이 등장하기 때문에 일기 내용을 불편해하는 사람이 많았다. 그래서 이 게토 일기를 출판하는 과정에서 이름의 약자만 남기거나 삭제하는 등 원고 중 일부가 변형된 것으로 보인다. 보육원 수련생이었던 메르잔은 게토 일기의 원본이 다음 세대 때라도 나타나길 기대했다.

코르차크는 죽기 바로 전까지도 일기를 썼고, 죽음이 코앞에 다가온 상황에서도 미래의 끔찍함 따위는 떠올릴 수 없는 평온한 하루를 기록했다.

1942년 8월 4일

나는 꽃에 물을 주고 있다. 내 벗어진 머리를 창문에 기대고서. 이 얼마나 빛나는 표적인가.

그는 총을 가졌다. 왜 그는 조용히 서서 나를 바라보고 있지? 총을 쏘라는 명령을 받지 않았나 보다.

추측건대 그는 평범한 생활을 하는 마을의 교사일 수도 있다. 아니면 공증인이나 라이프치히 거리의 청소부, 쾰른의 웨이터일 수도 있을 것이다.

내가 그에게 고개를 끄덕이면, 그는 어떻게 반응할까? 호의적인 몸짓으로 내게 손을 흔들까?

아마도 그는 일이 어떻게 흘러가는지 모를 것이다. 다른 이들이 그렇듯이. 어쩌면 그는 아주 멀리서 어제 막 도착했을지도 모른다.[57]

코르차크는 항상 글쓰기를 즐겼다. 아니, 즐겼다기보다 막중한 과업으로 여겼다는 게 더 정확한 표현일 것이다. 그는 전쟁터에서도, 몸이 아플 때도 글쓰기를 쉬이 멈추지 않았다.

이제 오른쪽 눈까지 아프기 시작한다. 눈물이 고여 글을 쓰는 것이 어렵다. 휴식을 취해야 한다. 기록을 건너 뛰는 것만큼 아쉬운 게 있을까. 기록은 측정할 수 없는 귀중한 보물이다.[58]

기억해두어야 할 모든 것을 기록하느라 코르차크의 펜은 잉크가 빨리 닳았다. 글을 쓰다가 아침을 맞는 일도 흔했다. 집중하기 좋은 고요한 밤과 새벽에 주로 쓰였던 그의 기록은 보육원에만 국한된 것이 아니라, 일상을 포함해 삶 전체를 다루고 있다.

다음은 길거리의 모습이다.
살아있는지 죽어있는지 모를 소년이 인도를 가로질러 누워있다. 그 옆에서 세 명의 아이들이 말을 타는 흉내를 내며 기사 놀이를 하고 있다. 그들은 뒤엉킨 고삐를 풀려고 노력하다가 누워있는 소년에 걸려 넘어진다. 한 아이가 말한다.
"다른 데로 가자. 쟤가 방해되네."
아이들은 몇 발짝 떨어져서 계속 고삐 뭉치를 풀려고 애쓴다.[59]

시신이 있는 길거리에서 아이들이 아무렇지 않게 놀고 있다. 전쟁의 참혹함을 단적으로 보여주는 거리 풍경이다. 코르차크는 이 기록 앞뒤로 자기 생각을 밝혀 전쟁이 어떻게 인간성을 무너뜨리는지 세세히 묘사할 수도 있었을 것이다. 그러나 그는 아무 말도 덧붙이지 않았다. 그저 보이는 것만 기록했다.

그리고 코르차크 본인이 직접 겪은 일들도 에피소드 형식으로 자세히 남겼는데, 그중에는 그의 단호한 태도가 드러나는 일화도 있다.

한번은 포즈난스키(Poznanski, 폴란드에서 직물 생산으로 잘 알려진 가족) 집안의 호출을 받았다.

환자가 더는 기다릴 수 없다고 들었다. 오늘이어야 했다.

바르샤바에서 유명한 의사인 율렉이 "그들은 인색해." 라고 말했지만, 개의치 않고 환자를 보러 갔다.

"잠시 기다리시겠어요, 선생님? 아들들을 부르러 사람을 보낼게요."

"아이들이 나갔나요?"

"멀리 가진 않았어요. 공원에서 놀고 있답니다. 그동안

차라도?"

"놀러 나간 아이들을 기다리느라 시간을 낭비할 수 없어요."

"잠깐만요, 선생님. 줄리안이 항상…. 그런데 최근에 어떤 글을 쓰셨나요?"

"불행하게도 처방전만 썼습니다."

그다음 날,

"제발, 친구여! 그들은 화가 났어! 자네와 적이 됐다고!"

"난 신경 쓰지 않네."[60]

인기 작가이자 저명한 소아과 의사로 유명하다 보니 코르차크를 만나고 싶어 하는 사람들이 워낙 많았다. 그중에는 왕진을 핑계 삼아 집으로 코르차크를 부르는 일도 있었다. 그는 가난한 자들과 길 위에 아이들에겐 헌신적으로 사랑을 쏟았지만, 겉치레가 심하고 속물적인 인사들에겐 쌀쌀맞을 만큼 단호하게 대처했다. 이 일화만 봐도 코르차크가 소아과 의사로서 얼마나 투철한 직업정신을 가지고 있으며 원칙을 철저히 지키는 사람이었는지를 알 수 있다.

코르차크는 꾸준한 관찰과 기록을 통해 아이들을 알아가며 그들의 세계에 조금씩 다가갔다. 그리고 그 과정에서의 섣부른 판단을 경계했다. 아이를 잘 안다고 생각하면 아이를 관찰하기를 멈춘다. 그러나 관찰 없이는 아이들 한 명한 명의 필요와 욕구를 알 수 없거니와 개개인의 특성을 고려한 적절한 교육도 이루어질 수 없다.

아이들을 교육할 때 일반적인 방법만 적용하면 가르치는 사람이야 편하겠지만, 반 전체를 공통된 방법으로 가르친다면 아이들에게서 무언가를 끌어내기란 불가능하다. 그래서 우리는 기억해야 한다.

"우리는 아이들을 모른다." [61]

코르차크의 이 고백이야말로 교육자로서 가져야 할 기본적인 마음가짐이자 신중한 교육의 출발점일 것이다.

교육자는 아이에게 호의적으로 남는 사람이다

자작나무는 자작나무로, 참나무는 참나무로, 엉겅퀴는
엉겅퀴로 남아있을 것이다. 내가 그 영혼에 잠재된 것을
깨울 수 있을지는 모르지만, 새롭게 만들 수 있는 것은
하나도 없다.

코르차크의 말대로 아이들은 누가 자기를 사랑하는지 안다. 아이들은 뛰어난 능력을 지닌 사람보다 자기한테 따뜻하게 대해주는 사람을 더 좋아한다. 그래서 교사에겐 아이들을 호의적으로 대하는 태도가 아주 중요하다.

> 아이들은 누가 자기를 사랑하는지 안다. 초자연적인 직관을 가져서가 아니라, 자신의 행복이 누구 손에 달려 있는지 주의 깊게 관찰하기 때문이다.[62]
> 아이는 서툴고 허술한 것은 용서하지만, 지나치게 엄격하거나 무미건조한 폭군인 교사는 절대 달가워하지 않는다. 그리고 거짓으로 보이는 것은, 그것이 무엇이든 간에 무시하고 비웃는다.[63]

아이들이 자신을 돌보는 사람이 누구인지 관심을 두고 지켜보는 일은 당연하다. 그렇게 시간을 들여 살피다 보면 자신을 사랑하는지 아닌지 알게 된다. 즉 직관이 아니라, 관찰과 나름의 계산이 작동해 누가 자신을 사랑하는지 알아차리는 것이다.

아이와 사귀고 아이에 대해 알아갈수록 자연스럽게 호의적인 태도를 보이게 된다. 아이와 함께하면서 그들이 어

른과 다름없는, 때로는 어른보다 우월한 존재라는 것을 깨
닫는 순간 어떻게 그들을 깔보고 업신여길 수 있겠는가. 혹
시라도 아이들이 무시당하는 상황이라면 더욱더 그들에게
친절을 베풀어야 한다.

> 인생이 아이들에게 관대하지 않다는 걸 알기에 똑바르
> 고, 헌신적이고, 온화한 아이들만 사랑한다는 것은 결
> 코 사실이 아니다.[64]
> 흔치 않은 불평, 거짓말, 다툼, 요구, 범죄, 불순종, 거짓
> 과 용기는 그에게 수집가의 희귀 동전처럼 소중할 것이
> 다. 진귀한 화석과 식물 혹은 밤하늘의 별자리처럼 말
> 이다. 그런 뒤에야 그는 합리적인 태도로 모든 아이를
> 사랑할 것이고, 아이의 내면과 바람, 운명에 대해 관심
> 을 가질 것이다.[65]

　교육을 말할 때 무엇을 어떻게 가르쳐야 하는지를 가
장 중요한 문제로 다룬다. 그러나 코르차크는 아이들이 무
엇을 경험하고 어떻게 느끼는지를 더 중요하게 여겼다.
　학교에는 교육목적을 달성하기 위해 설계된 일련의 교
육과정이 존재한다. 그러나 교사가 의도하고 계획을 세워

가르치지 않더라도 학생이 학교에서 은연중에 습득하는 경험과 배움이 있다. 교육학에서 말하는 잠재적 교육과정이 그것이다. 그리고 아이들은 밖으로 드러난 교육과정보다 숨겨진 교육과정에 더 많은 영향을 받는다.

코르차크가 활동했던 시기에는 잠재적 교육과정이란 개념이 존재하지 않았지만, 표면적 교육과정 너머에 숨겨진 교육과정이 있고, 그것이 아이들에게 큰 영향을 준다는 사실을 알고 있었음이 틀림없다. 코르차크가 생각하는 교육자의 역할은 가치 있는 지식을 아이들에게 전달하는 것뿐 아니라, '아이들이 성장할 때까지 호의와 온기로 그들을 보호하며 기다리는 것'이었다.

> 교육 혹은 탁아란 호의와 경험, 온기와 평화의 날개 밑에 그들을 보호하고, 위험을 차단하고, 그들을 지켜주고, 그들이 성장하고 어른이 될 때까지 기다리는 것이다. 자립적인 일어섬을 위해 힘쓰는 것이다.[66]

교육과정을 모두 마친 뒤 아이들이 기억하는 것은 수업 중에 배운 내용일 수도 있고, 친구들과의 추억일 수도 있다. 교과학습과 생활영역을 포함한 모든 과정에서 교사가 할 수 있는 일은 아이들에게 호의와 온기를 남기는 것이다.

> 선생님은 우리한테 가장 소중한 사람이다. 우리도 선생
> 님한테 가장 소중한 사람들이다. [67]

우리는 모두 누군가의 사랑과 호의를 기억한다. 아픈 배를 만져주시던 엄마, 머리를 쓰다듬어주시던 선생님, 어깨동무하던 친구, 등을 토닥여주던 동료. 그 기억들은 어떤 선물보다 값지고 오래도록 기억된다. 아이들에게 이런 따뜻한 기억을 심어주기 위해서는 어떻게 해야 할까?

코르차크의 삶에서 볼 수 있듯이, 그건 바로 '동행'과 '존중'이다. 물론 이 두 가지 개념만으로 코르차크의 호의를 전부 설명할 수는 없다. 아이들을 향한 코르차크의 호의는 훨씬 다양하기 때문이다. 그러나 그 모든 종류의 호의를 다 언급할 수 없기에 두 가지 대표 개념으로 코르차크의 호의에 대해 정리해 보고자 한다.

동행

아이를 키워본 사람이라면 누구나 경험하는 가슴이 철렁하는 일이 있다. 한밤중에 갑자기 아이가 아플 때이다. 낮에 아프면 가까운 병원에서 진료를 받으면 되지만, 밤이나 공휴일에 아프면 답이 없다. 초보 엄마 땐 무조건 병원 응급실로 뛰어갔다. 그런데 응급실 특성상 누가 봐도 심한 외상 환자 치료가 먼저다. 위험한 상태라면 모를까 보통은 아이 상태를 지켜보며 순서를 기다리는 게 일반적이다. 이렇게 응급실 경험을 몇 번 하고 나면 나름 요령이 생긴다. 밤에 아플 것을 대비해 응급 키트도 준비해놓고, 어쩔 줄 몰라 허둥대는 대신에 아이의 상태도 주의 깊게 살필 줄 알게 된다.

121

아이가 아플 때 부모로서 할 수 있는 최선은 옆에 있어 주는 것이다. 아이가 손을 뻗었을 때 그 손을 잡아주는 것, 옆에 있으니 괜찮다고 토닥여주는 것이 전부이다.

코르차크는 밤이나 낮이나 항상 아이들과 함께하는 사람이었고, 죽음의 순간까지도 아이들의 손을 놓지 않았다. 고아들의 가장 친한 친구로 불렸던 코르차크. 왜 그는 이토록 아이들에게 전념하게 된 걸까?

온정이 넘치는 성품의 소유자였던 코르차크는 유복했던 어린 시절부터 자신이 누리는 행복과 편안함에 빠져 있지 않고, 길 위의 아이들을 안타깝게 여겼다. 아버지의 죽음 이후 생계를 돕기 위해 가정교사로 일한 경험과 대학 시절 봉사활동은 빈민과 노동자 계층의 삶에 본격적으로 관심을 가지는 계기가 되었다. 젊은 의학도로 어린이 병원에서 아픈 아이들을 치료하고, 여름캠프에 자원봉사자로 참여하면서 코르차크는 아이들을 만나는 매력에 완전히 사로잡혔다. 고아구호회를 통해 고아들과 인연을 맺은 코르차크는 빈민가 크로흐말나 92번지에 지어진 '고아들의 집'에서 교육자로서 새로운 삶을 시작한다.

그곳에서 코르차크는 아이들을 보육하는 것에 그치지 않고, 아이들이 주도하는 어린이 공화국을 실현했다. 어린이 의회와 법정을 만들어서 회의를 통해 자신들의 문제를 스스로 해결하게끔 했다. 이런 혁신적인 시스템은 아이들을 온전히 신뢰했기에 가능한 일이었다. 또 아이들에게 바느질이나 목수일 등 실생활에 도움이 될 기술을 가르치는 데에도 힘을 쏟았다. 보육원 운영은 큰 책임이 따르는 일이었지만, 코르차크는 바쁜 와중에도 아이들과 함께 시간을 보내려고 애썼다. 시간이 날 때마다 아이들과 이야기를 나누고, 수업이 끝난 뒤에는 게임도 같이 즐겼다.

전쟁과 게토 봉쇄라는 한계에 부딪혔을 때도 코르차크는 아이들을 돌보는 일에 최선을 다했다. 매일 구호단체와 자선가들을 찾아다니며 돈과 식량을 구하느라 나날이 몸이 야위어 가고 마음도 약해졌지만, 그 어떤 상황에서도 아이들을 최우선으로 생각했다. 그가 하는 모든 일과 모든 말은 다 아이들을 위한 것이었다.

사교적인 방문은 하지 않는다. 돈이나 식량, 정보가 담긴 물품, 연필심을 얻으러 간다. 만일 당신이 사교적인 방문을 요청한다면 그건 힘들고 굴욕적인 일이다. 익살을 떨어야 하기 때문이다.[68]

코르차크는 식량을 구하기 위해 온종일 부어오른 다리로 터벅터벅 걸어 다니는 자신의 모습에서 어린 시절 공연에서 봤던 노인을 떠올렸다.

크리스마스 때 코르차크의 아버지는 '아름답지만 무서운' 꼭두각시 극단을 집으로 초대했다. 가장 무서운 장면은 연극 끝에 나오는데, 큰 자루를 든 노인이 등장해 계속 돈을 기부하라고 재촉했다. 연극을 보던 코르차크는 흥분하면서도 무서움에 떨며 동전을 그 자루에 던져 넣었다. 노인은 자루 안을 유심히 보고, 길고 흰 수염을 흔들며 말했다. "너무 적군, 너무 적어. 꼬마 신사, 더 주시오."
게토에서 코르차크는 그 장면에서 배울 점이 많다는 것을 기억했다. 왜냐하면 노인이 탐욕스럽고, 그의 자루는 한없이 깊었기 때문이다. 그 노인은 코르차크에게 상당히 많은 것을 가르쳐주었다. 끈질긴 요구에 응하지 않고 버티기란 쉽지 않다는 것, 처음에는 열정적으로 주다가 다음엔 덜 열정적으로 주게 된다는 것, 의무감에서 시작하지만 나중엔 타성에 젖어서 주게 된다는 것, 습관처럼 주다가 이후엔 화를 내면서도 주게 된다는 사실을 말이다. 그즈음 코르차크는 심술궂은 운명이 그를 자루를 든 노인으로 만든 것에 대해 글을 쓰고 있었다. 매일 아침 코르차크는 아픈 어깨에 자루를 메고 부자인 지인들과 사회복지 사업부서를 찾아다니며 돈과 음식을 요구했다. 그들이 무엇을 주든지 그것은 절대 넉넉하지 않았고, 코르차크는 연극에 나왔던 노인처럼 끈질기게 굴었다. 사람들이 그의 전화를 두려워하기 시작했다.[69]

어린 시절 연극에서 봤던 무서운 노인의 모습을 나이가 들어 게토 안에 갇힌 자신에게서 발견한 코르차크의 마음은 어땠을까? 전쟁에 휘말린 데다가 유대인이라는 사실 때문에 자신과 아이들의 목숨이 위협받는 상황에 안타까움과 분노가 일었을 것이다. 하지만 그는 아이들을 위해 모든 것을 내려놓았다. 평생 쌓아온 모든 지위와 명성은 물론이고, 체면까지 버렸다. 살아남기 위해 많은 것을 버려야 했으나 존엄성의 원칙과 아이들을 대하는 태도는 조금도 변하지 않았다. 코르차크는 그 어떤 상황에서도 아이들에게 따뜻한 미소와 다정한 말을 건네는 것을 잊지 않았다.

사람들은 너나없이 굶주림에 지쳐 갔고, 주린 배를 채우기 위해 도둑질을 일삼았습니다. 하지만 고아들의 집 아이들은 아무도 먹을 것을 훔치지 않았습니다. 그가 인간의 존엄함과 고귀함을 일깨워 주었기 때문입니다. 아이들은 턱없이 부족한 음식을 새로 온 아이들과 기꺼이 나누어 먹으며 그에게 말했습니다.

"할아버지는 천사 같아요. 하느님이 우리 곁에 보내주신 천사요. 춥고, 배고프고, 이렇게 힘든데도 끝까지 우리를 버리지 않으니까요."

그는 여윈 손으로 가만히 아이들의 이마를 쓸어주며 말했습니다.

"아니야, 너희가 천사란다. 너희가 아프기 때문에, 너희가 가난하고 힘없기 때문에 내가 따뜻한 마음으로 돌볼 수 있잖니. 그러니 너희가 나의 천사지."[70]

코르차크는 아이들에게 늘 관대한 사람이었다. 부모에게 버림받은 아이들의 마음을 헤아리고, 속 깊은 이야기를 나누며 그들과 같은 공간에 머물렀다. 그래서 아이들은 신뢰할 수 있는 어른이 자신들 곁에 있으며, 아무리 힘들어도 그가 자신들을 버리지 않을 것을 알았다. 그래서 아이들은 마지막 순간까지 코르차크를 따랐다. 그들이 타는 기차가 어디로 가는지도 모르면서 말이다.

안타깝게도 요즘 힘들다는 이유로 자녀를 버리거나 방치했다는 뉴스를 어렵지 않게 찾아볼 수 있다. 하루가 멀다 하고 터지는 아동학대 사건을 볼 때면 교사로서 부모로서 참담한 심정이다. 그러나 코르차크는 목숨이 위태롭고 하루하루가 치열한 상황에서도 아이들을 떠나지 않았고, 그들을 친자식처럼 돌봤다. 보육원에서 일할 수련생을 뽑는 선발 과정만 봐도 코르차크가 아이들과의 동행을 얼마나 중시했는지 알 수 있다.

여름캠프에서 봉사할 지원자를 선택하는 일은 쉽지 않았다. 스테파와 코르차크의 기준이 서로 달랐기 때문이다. 스테파는 옷차림이 단정한 젊은이, 아이들에 대한 사랑을 열정적으로 표현하는 사람에게 좋은 인상을 받았지만, 코르차크는 지원자들의 외양에는 조금도 관심이 없었다. 그는 '변덕스러운 감상가'를 참지 못했다. 그런 사람은 결핍된 아이들과 일하는 고된 현실에 놓일 때 금방 달아나리라 생각했다.

코르차크는 교육학적 사랑이란 공허한 감정이 아니라

자신을 진실로 내어주는 것이라 믿었기 때문이다.[71]

코르차크는 아이들 곁에 오래 머물 사람이 필요했다. 일시적인 동정에 취해 들떠 있는 젊은이가 아니라 '진심 가득한 실천가'를 원했다.

'교육자는 깨어있어야 한다'라는 것이 코르차크의 생각이었다. 여기서 '깨어있다'라는 말은 은유적인 표현이 아니다. 문자 그대로 잠자지 않고 깨어있는 시간이 많아야 한다는 뜻이다. 아이들을 지켜보고 보호하기 위해서는 당연히 그들 곁에 오래 머물러야 했다. 교사는 관찰을 통해 교육을 위한 다양한 정보를 수집할 수 있고, 아이들은 자신을 돌보는 어른이 옆에 있다는 사실에 안정감을 얻을 수 있기 때문이다.

실제로 코르차크는 하루 종일, 그리고 잠자는 시간까지도 아이들과 함께했다. 보육원 원장실은 아이들을 가장 잘 지켜볼 수 있는 곳에 있었다. 그 위치는 보육원 건물 설계 때부터 코르차크가 요구했던 사항이었다. 그는 창문을 통해 뜰에서 노는 아이들을 유심히 살피곤 했다. 사색에 잠길 때도 별도의 공간을 이용한 것이 아니라, 같은 공간에서 아이들이 모두 잠들고 난 뒤 혼자만의 시간을 가졌다.

잠든 아이들의 숨결과 두려움에 피어나는 수많은 질문들의 고요함 속에서 갑자기 흐느껴 우는 소리를 듣는다. 난 이 울음소리를 안다. 많은 아이, 많은 종류의 흐느낌이 있다. 조용하고 침착한 울음부터 이상하고 억지스러운 울음, 극도로 흥분한 고함까지. 한 아이가 울면 가슴이 미어진다. 그 울음은 내게 경외심과 함께 복잡한 감정을 불어넣는다.[72]

아이들이 잠들어 고요한 밤에 그들의 침대 사이를 돌아다니며 괜찮은지 살피는 코르차크의 행동에서 그가 말하는 '진심 가득한 실천가', '깨어있는 교육자'의 모습이 어떤 것인지 엿볼 수 있다. 그리고 코르차크 곁에는 그를 도와 아이들과 동행하는 협력자들이 존재했다.

그중에서 가장 큰 도움을 준 인물은 스테파이다. 스테파의 본명은 스테파니아 빌친스카(Stefanie Wilcynska)이고, 코르차크보다 여덟 살 어린 여성이다. 스테파 양으로 불리다가 나이가 들면서 마담 스테파로 칭해달라고 해서 그렇게 불렸다. 그래서 책에는 스테파, 스테파 양, 마담 스테파, 스테파니아 등 여러 이름으로 등장한다. 고아구호회에서 코르차크와 인연을 맺은 것을 계기로 돔 시에로트에서 고아들을 돌봤다. 처음엔 보육원의 행정 업무만 맡았다가 나중에는 보육원 전반을 관리했다. 그는 코르차크가 군의관으로 전쟁에 참전하느라 자리를 비운 사이에도 굳건히 보육원을 지켰고, 마지막 순간에도 아이들을 인솔하여 트레블링카 기차에 올랐다. 사실 스테파에게도 코르차크와 마찬가지로 안전하게 피신할 기회가 있었다. 그즈음 스테파는 팔레스타인 키부츠*에 머무르며 공동체 교육을 하는 어린이집에서 일하고 있었다. 하지만 전쟁이 터진 후 그는 안전하게 팔레스타인에 머무는 것이 아니라 보육원을 돕기 위해 바르샤바로 돌아왔다.

코르차크에 대해 연구하다 보면 스테파가 없이도 이 모든 것이 가능했을까 하는 생각이 들 정도로 코르차크의 모든 업적 뒤엔 스테파의 도움이 있었다. 그리고 코르차크와 아이들을 도운 수많은 사람 또한 그들과 동행한 든든한 지원군이었다.

축제 마지막 날을 며칠 앞두고, 아리아인 구역에서 온

---

* 이스라엘의 농업 및 생활 공동체를 말한다. 집단노동, 공동소유, 공동육아, 공동 식사 등을 원칙으로 한 공동체이다.

쓰레기차가 보육원 앞에 섰다. 쓰레기 더미 속에 숨겨진 선물을 보고 아이들은 깜짝 놀랐다. 폴란드 지하조직의 섭외를 받은 청소부 세 명이 코르차크의 친구들이 보낸 음식과 장난감을 아이들에게 배달하러 온 것이었다. 청소부들은 게토에 오는 길에 자기들이 줄 선물로 작은 소나무 한 그루까지 베어서 실어 왔다.

청소부 중 한 명은 그날을 이렇게 기억했다. "코르차크 선생님이 나무를 방 한가운데 테이블 위에 세워놓고 아이들에게 주위에 모이라고 했다. 우리가 가져온 선물들은 그 밑에 놓여 있었다. 아이들은 그냥 말없이 바라보며 서 있었는데, 아이들 같다기보다는 미소 짓는 노인들 같아서 놀랐다. 행복하면서도 슬픔이 가득 깃든 눈빛이었다. 우리가 '하느님, 마음이 선한 이들에게 평화를 내리소서' 하고 아이들에게 크리스마스 캐럴을 불러줄 때, 난 눈물이 났다."[73]

높이 3미터, 길이 18킬로미터의 게토 담장을 넘어 누군가는 꽃 화분을 보내기도 하고, 또 누군가는 음식과 선물을 보내기도 한다. 선물을 배달하는 청소부도 크리스마스트리를 선물한다. 목숨을 걸고 쓰레기차에 숨겨 게토 안으로 크리스마스 선물을 보내는 사람과, 그 선물을 배달하는 사람의 마음 역시 코르차크 못지않게 숭고하다. 이렇듯 한 사람의 위대한 업적 뒤엔 위대한 동료들이 있다.

현실에서 아이들과 가장 많이 동행하는 사람은 대개 부모님이다. 그래서 아이는 부모님의 사소한 부분조차 닮는다. 항상 뒷짐을 지는 아이는 방과 후에 보면 할아버지와 운동장을 가로질러 집으로 돌아간다. 웃음이 나올 정도로 뒷모습이 똑같다. 역할극을 할 때 아빠 역을 맡은 어떤 아이는 술에 취해 소파에 쓰러지는 연기를 아주 자연스럽게 한다. 가르치지 않아도 보고 습득하는 것이다. 아이 앞에서 말 한마디 행동 하나 함부로 하지 않아야 할 이유가 여기 있다.

등굣길 초등학교 교문 앞은 아이들을 데려다주러 온 부모님들로 항상 붐빈다. 문제는 정문 바로 앞에 차를 세우는 부모님들이다. 아이가 다친 것도 아니고 짐이 많은 것도 아닌데 떡 하니 정문 앞에 차를 세우는 분들이 꼭 있다. 복잡하고 위험하니 차를 대지 말라고 안내해도 소용없다. 오히려 화를 내며 안내하시는 분의 멱살을 잡았다는 소리를 듣고 동료 교사와 같이 한탄한 적이 있다. 그 모습을 본 아이는 무얼 배울까 싶어서다. 아이의 손을 잡고 무단횡단을 하는 사람들도 거의 매일 본다. 유치원이나 학교에서 아이는 분명 초록불일 때 길을 건너라고 배웠을 텐데, 자기가 배운 것과 부모님의 언행이 충돌할 때마다 아이는 무척 혼란스러울 것이다.

동행은 늘 함께하는 것이지만, 그것만큼 중요한 것은 어떤 모습으로 함께 있느냐이다. 아이 옆에 오래 있어도 내 할 일만 하느라 아이에게 신경 쓰지 않는다면 그 시간은 아무 의미 없는 시간이다. 사랑하는 마음으로 아이와 같이 시간을 보내고, 아이에게 본이 되는 모습을 보일 것. 이것이 코르차크가 말하는 동행의 기본 조건이다.

존중

어린이는 이미
하나의 인간이다

어떤 경험을 하느냐에 따라 아이들의 태도는 달라진다. 머리를 쓰다듬어 주려고 손을 올렸을 때 칭찬해 주시려나 보다 하고 웃으며 기다리는 아이도 있지만, 맞을까 싶어 급히 두 손으로 머리를 막는 아이도 있다. 모두가 그런 건 아니지만, 방어적인 태도를 보인 아이들을 상담하다 보면 집에서 형제나 부모님에게 맞았던 경험을 이야기하고는 한다.

마찬가지로 '망했어'라는 말을 입버릇처럼 내뱉는 아이도 있지만, '감사합니다'란 말이 말끝마다 붙는 아이도 있다. 모둠 활동에서 항상 구성원들을 먼저 생각하고 배려하는 아이가 있는가 하면, 자기 맘에 들지 않는다고 화내면서 그 자리를 떠나는 아이도 있다. 준비물을 넉넉히 챙겨와서 깜박한 친구들에게 흔쾌히 빌려주는 아이가 있는가 하면, 준비물을 잊는 건 예삿일이고 남한테 빌린 물건을 함부로 쓰는 아이도 있다. 같은 상황이라도 아이마다 다른 태도를 보인다.

개중에 말도 이쁘게 하고, 배려도 잘하고, 할 일도 잘하고, 리더십도 뛰어난 아이가 있다. 이런 아이는 교사로서 엄마로서 아이를 어떻게 키웠는지 너무 궁금해 학부모 상담 때 그 비법을 묻지만, 보통은 겸손의 말밖에 들을 수 없다. 그런데 가만히 살펴보면 다른 아이들과 확실히 다른 점이 보인다. 바로 아이에게 풍기는 편안한 분위기이다. 이런 아이들은 선생님께 꾸중을 들어도 편안함이 유지되는 반면에 어떤 아이는 선생님께 "이제 지각하지 말자."라는 말만 들어도 큰 충격을 받고 우울해하고 엄청나게 크게 혼난 것처럼 군다. 같은 상황이어도 아이마다 태도가 다른 이유는 무엇일까?

내 경험상 편안한 태도를 지닌 아이들은 보통 자존감이 높다. 어렸을 때부터 부모님이 자신의 말을 경청해주고, 긍정적인 피드백을 계속 경험하는 등 존중받고 자라 자존감이 높은 아이에겐 편안한 분위기가 흐른다. 그만큼 '존중'은 아이의 태도에 막대한 영향을 끼친다.

코르차크에게도 존중은 가장 중요한 가치였다. 빈곤과 전쟁으로 아무 죄 없는 아이들이 고통받는 현실을 안타까워했던 코르차크는 그 이유가 무엇이든 간에 아이들이 행복하게 살 권리를 빼앗아서는 안 된다고 주장했다.

코르차크가 아동 존중을 얼마나 중요하게 생각했는지 알려주는 인상 깊은 일화가 하나 있다. 앞서 언급했듯이 실험적이며 혁신적인 교육적 시도가 펼쳐졌던 코르차크의 보육원은 그와 함께 일하려는 열정 넘치는 지원자들로 가득했다. 코르차크는 수련생을 대상으로 하는 세미나를 어린이 병원 엑스레이실에서 열었다. 첫 번째 강의 주제는 '아이의 심장'이었다. 코르차크는 작은 소년의 손을 잡고 세미나실로 들어왔다. 그리고 아무 말 없이 아이의 웃옷을 벗겼다. 그리고 그 아이를 형광 투시경 뒤에 두고 불을 껐다. 소년의 심장이 빠르게 뛰는 모습을 모두가 볼 수 있었다. 코르차크는 그들에게 "이 장면을 잊지 마세요."라고 했다. "여러분이 아이에게 손을 올리거나 어떤 행정적 처벌을 내리기 전에 아이의 놀란 심장이 어떨지를 떠올리세요." 그리고 아이의 손을 다시 꼭 잡고는 문을 향해 나서며 마지막으로 말했다. "오늘은 이게 다입니다."

아이의 심장을 주제로 세미나를 한다면 보통은 심장의 구조와 기능을 다룰 것이다. 그러나 코르차크는 아이의 심장이 뛰는 모습을 직접 보여줌으로써 어른과 마찬가지로 힘차게 뛰는 아이의 심장을 통해 '생명의 가치'와 '아동 존중'의 메시지를 수련생들에게 전하고자 했다.

그 당시 어른들은 아이들에게 의무를 강요하고 명령하고 통제하는 것을 당연하게 여겼다. 그러나 코르차크는 아이를 이미 한 사람의 완전한 인간으로 보았기 때문에 의무뿐만 아니라 권리를 가진 존재로 생각했다. 그리고 그의 이런 아동 존중 사상은 후일 '아동권리선언'의 토대가 되었고 다음 과정을 거쳐 공고하게 다져졌다.

1959년   국제연합총회에서 〈아동권리선언〉 발표

1978년   폴란드 정부가 코르차크 사상에 기초한 〈아동권리협약〉의 초안을 국제연합 인권위원회에 제출

1978년   국제연합에서 1979년을 '아동의 해'로 선포하고,
~1979년   코르차크 탄생 100주년을 기념하여 그해를 '야누시 코르차크'의 해로 명명

1989년   국제연합총회에서 〈아동권리협약〉을 만장일치로 채택

여기서 100년이 넘는 지금까지도 많은 사람의 공감과 지지를 받는 코르차크의 '존중받아야 할 어린이의 권리'에 대해 구체적으로 알아보자.

죽음에 대한 어린이의 권리

존중받아야 할 어린이의 권리 중에 첫 번째로 언급되는 죽음에 대한 권리에 대해 '아이들에게 죽을 자유를 허락해야 한다는 말인가?' 하는 의문이 들 수 있지만, 이를 문자 그대로 해석해서는 안 된다. 이 말은 어른들의 지나친 염려와 간섭으로 어린이가 누려야 할 기본적인 권리마저 보장받지 못한 현실을 비판하는 데서 나온 것이다. 그만큼 어른들이 너무 많은 것을 금지하고 가로막기 때문에 아이들이 다양한 경험을 쌓을 기회조차 없다는 것을 강조하기 위한 표현이다.

실제로 우리는 아이들에게 "안 돼! 조심해! 하지 마! 그만해! 뛰지 마!" 같은 말들을 자주 한다. 아이가 다칠까 봐, 실수할까 봐 걱정의 말을 하루에도 몇 번씩 되풀이하며 위험한 세상에서 아이를 보호하기 위한 경계를 늦추지 않는다. 그러나 부모의 과보호와 통제는 아이가 직접 세상과 부딪혀 새로운 경험을 하고 스스로 배울 기회를 방해할 뿐이다. 코르차크는 어느 정도 위험과 더러움은 무릅쓰더라도 아이가 직접 경험하는 것이 더 중요하다고 말한다.

사람들은 달이 하나라고 말한다. 그러나 달은 어디에서나 볼 수 있다.

"야, 난 여기 울타리 뒤로 갈게, 넌 정원에 남아있어."

아이들은 문을 닫는다.

"어때, 정원에 달이 있어?"

"응."

"여기도 있어."

아이들은 장소를 바꾸어 다시 확인한다. 이제 그들은 달이 두 개라고 확신한다.[74]

아이들은 경험을 통해 무엇이든 알아간다. 그러나 코르차크가 살았던 시대나 21세기인 지금이나 아이들은 제약이 많은 세상을 살아간다. 코르차크는 다소 위험하거나 부정적이라 해도 아이에게 일체의 경험을 제공해야 한다고 말한다.

교육이론에서 우리는 아이에게 진실을 인식하도록 가르쳐야 할 뿐 아니라 거짓을 찾는 것도 가르쳐야 한다는 사실을 잊어버린다. 사랑하는 것뿐만 아니라 미워하는 것도, 존경하는 것뿐만 아니라 경멸하는 것도, 적응하는 것뿐만 아니라 격분하는 것도, 용납하는 것뿐만 아니라 분개하는 것도, 항복하는 것뿐만 아니라 반역하는 것도 가르쳐야 하는데 말이다. 부정적인 감정의 영역에서 우리는 독학을 한 셈이다. 왜냐면 대부분은 감춘 채 단지 몇 글자만 가르쳤기 때문이다.[75]

이러한 코르차크의 주장에서 볼 때 아이들을 위한다는 명목으로 너무 조심시키고, 너무 제한된 경험만 제공하고 있지는 않은지 우리 자신을 되돌아볼 필요가 있다. 어른들은 아이들을 보호한다는 목적으로 아이의 삶을 지루하게 만드는 경향이 있다. 특히 요즘 아이들은 자유롭게 탐험하고 탐색할 기회가 별로 없다.

너의 팔이 부러질 거야, 차에 치일 거야, 개가 너를 물려고 할 거야. 자두 먹지 마, 수도꼭지에 입 대고 물 마시지 마, 맨발로 다니지 마, 햇볕이 뜨거울 때 나가 놀지 마, 코트 단추를 잠가, 목도리 둘러. 이것 봐, 넌 듣고 있지 않잖아. … 맙소사! 피가 나잖아! 누가 너한테 가위를 줬지?[76]

아이에 대한 간섭을 사랑의 표현이라 착각하고 아이의
모든 행동을 통제하고 있지 않은가. 무의식적으로 내뱉는
경고와 통제의 말은 아이가 다양한 경험을 누리고 새로운
지식을 습득할 기회를 제한한다.

또 한 번은 새로 들어온 수련생이 아이가 신발 끈을 풀
어달라고 하니 풀어주는 것을 보고 이렇게 물었다. "선
생, 자네는 교육을 평생 할 생각인가 아니면 잠깐 취미
로 할 생각인가?" 그러고는 몸을 굽혀, 아이가 신발 끈
을 스스로 풀 수 있게끔 가르쳐주는 시범을 보였다. 수
련생에게 아이의 자립심을 키우는 법을 가르쳐준 것이
었다. 코르차크는 아이들에게 늘 이렇게 이야기했다.
"혀에 박힌 가시, 궁둥이에 박힌 가시는 내가 빼줄게.
하지만 너희가 혼자 뺄 수 있는 곳에 박힌 가시는 절대
안 빼줄 거야.[77]

아이에게 생긴 문제를 즉각적으로 해결해주는 것은 아
이를 위한 길이 아니다. 아이가 어떤 대상에도 의존하지 않

고 스스로 문제를 해결하게 돕는 것. 이것이 교육자로서 우리가 할 일이다.

주변을 둘러보면 꼭 그런 사람이 있다. "그 영화 보지 마. 정말 재미없더라.", "저 식당 가지 마. 비싸기만 하고 먹을 게 없더라."라고 말해주는 사람들. 딴에는 도움을 주려고 하는 말이지만, 사사건건 그런 말을 들으면 뭔가 해보기도 전에 제한당한다는 생각에 기분이 별로일 때가 있다.

코르차크는 아이 스스로는 그 어떤 경험도 할 수 없게 가로막는 그 당시 교육방식에 대한 반어법으로 '죽음에 대한 어린이의 권리'를 주장했다. 다소 거친 코르차크의 표현은 어른들의 과보호로 인해 아이들이 무언가를 시도하고 시행착오할 기회를 상실하고 지루함이라는 병에 걸려있음을 인식시켜주고 있다.

아이에게 이야기를 위한 시간이나 개와 보내는 시간, 공놀이, 그림을 자세히 들여다보는 시간, 편지 베끼기와 같은 시간을 주는 것에 인색하게 굴지 말라. 이런 것들을 친절하게 허락하라.[78]

사실 아이의 행동을 지나치게 통제하는 것은 아이에

대한 신뢰가 부족하다는 의미이기도 하다. "조심해! 그만해!"라는 말에는 아이가 다칠까 봐 걱정되고, 엉망으로 만들까 봐 못 미더운 마음이 깔려 있다. 어른들이 아이들을 믿고 스스로 문제를 해결할 거라고 기대하면 아이들 역시 자기 자신을 신뢰하게 되고, 그 과정에서 자발성과 책임감이 길러진다.

> 아이가 실수하도록 내버려 두라. 어린 시절에 잘못된 길을 가보지 않고 항상 감시받고 보호받는다면, 유혹에 저항하는 법을 배우지 못한다. 그 아이는 경험과 자기 통제력이 부족하여 도덕적으로 수동적인 사람으로 자랄 것이다.[79]

어른들은 말한다. 옷이 더러워지니까 흙바닥에 앉아서 놀지 말고, 세균이 많으니까 비둘기에게 가까이 가지 말고, 신발 젖으니까 물웅덩이를 밟지 말라고. 이런 보호의 말들이 전부 틀렸다는 건 아니다. 그러나 진짜 아이를 사랑하고 보호하는 마음에서 진심을 담아 하는 말인지, 무심코 습관처럼 내뱉는 말인지 구분할 필요가 있다.

아이에게도 자신이 원하는 것을 시도할 권리가 있다.

실패가 빤히 보이는 일이라고 해도 시작조차 못 해보는 것과 도전해보고 실패하는 것은 완전히 다르다. 정말 위험한 것이 아니라면 무엇이든 경험하고 시행착오를 겪어보는 것이 바람직한 성장에 도움을 준다. 아이를 위한다는 명목으로 행해지는 지나친 통제는 오히려 아이들의 학습동기와 자율성을 침해할 뿐이다. 자유로운 분위기 속에서 충분히 경험하면서 세상을 알아가게 하는 것. 이것이 코르차크가 생각하는 진짜 교육이다.

현재에 대한 어린이의 권리

어린이는 미래의 사람이 아니라 현재의 사람이다. 그러나 우리는 미래를 위해 현재 아이의 관심과 흥미를 소홀히 다룬다. 우리 교육 자체가 미래에 달성할 교육목표에 초점을 맞추고 있기 때문이다. 하지만 코르차크는 미래를 위해 아이들이 당연히 누려야 할 현재의 즐거움을 무시하고 제한하는 것에 대해 강하게 비판했다.

> 우리는 아이들에게 오늘의 권리는 아무것도 주지 않으면서 그들의 반쪽 어깨에 내일을 위한 책임감을 얹어준다.[80]

내일을 위한다는 명목으로 아이를 기쁘게 하거나 슬프게 하고, 놀라게 하거나 화나게 하고, 흥미를 끄는 모든 것을 무시한다. 그 대신에 아이가 이해하지도 못하고 이해할 필요도 없는 내일을 위해 몇 년의 삶을 저당 잡힌다.[81]

이렇듯 코르차크는 미래에만 초점을 맞춰 이뤄지는 교육을 비판하고 아이의 현재가 존중받기를 바랐다. 하지만 미래에 고착된 교육관을 맹목이라고 한다면, 현재와 순간만으로 만들어지는 교육 역시 맹목일 뿐이다. 아이가 커서 사회에 나갈 준비를 하기 위해 이런저런 훈련을 받아야 하는 것도 꼭 필요한 교육이기 때문이다. 그래서 코르차크의 교육학은 반교육학(Anti-Pädagogik)과는 다른 점을 갖는다.[82] 오히려 기존 학교와 교육에 대한 비판을 하며 어린이 개인의 존엄성에 토대를 두고 있다는 점에서 개혁교육학(Reformpädagogik)과 관련지어 볼 수 있다.[83]

여기서 코르차크가 지적하는 것은 미래에 대한 요구 때문에 현재 아이들이 가진 욕구나 흥미를 쓸데없는 것으로 취급하는 교육 현실이다. 따라서 '현재에 대한 어린이의 권리'는 미래에 대한 준비 자체를 거부하는 것이 아니라, 아이들의 어린 시절을 고유한 것으로 지켜줘야 한다는 요구를 반영하고 있다.

> 어느 면에서 아이들의 오늘이 그들의 내일보다 못한가? … 내일이 되면 우리는 또 그다음을 기다리기 시작할 것이다. 아이는 아직 아무것도 아니지만 누군가가 될 것이고, 아이는 아직 아무것도 모르지만 뭔가를 알게 될 것이며, 아이는 아직 아무것도 할 수 없지만 뭔가를 할 수 있게 될 거라는 기본적인 생각이 끊임없는 기대를 강요한다.[84]

나중에 훌륭한 사람이 되려면, 나중에 좋은 학교에 들어가려면, 나중에 키가 크려면 이런 여러 가지 이유로 아이들의 오늘이 미래를 위해 희생당한다. 물론 아이 스스로 목적을 가지고 미래를 준비한다면 아무런 문제가 없다. 정작 아이는 잘 모르는 미래를 위해 어른들이 아이의 오늘을 제한할 때 갈등이 불거진다.

어렸을 때 기억을 떠올리면 나의 어머니는 뭔가를 하라고 시키신 적이 거의 없다. 그 덕분에 이것저것 해볼 수 있는 자유가 많았다. 초등학교 5학년 때인가 심심해서 학교

운동장을 몇 바퀴까지 달릴 수 있나 실험해본 적이 있다. 숨이 턱까지 차오르고 팔다리가 후들거려 더 뛰다간 죽겠다 싶을 때 멈췄다. 17바퀴였다. 지금 생각해 보면 그 심심함이 결국 뭔가를 하고 싶게 만드는 원동력이 되었던 것 같다. 심심해서 서점에 가고, 심심해서 공부를 했다. 하지만 요즘 아이들은 하는 게 너무 많고 늘 바쁘다. 당장 우리 집 아이의 일과만 봐도 빡빡한 일정에 안쓰러울 때가 많다.

언론에서는 어떤 직업이 미래에 유망한지 어떤 역량을 갖춘 인재가 미래사회에 살아남는지 보도하고, 이런 뉴스를 접한 부모는 아이들을 어떻게 키워야 할지 고민이 깊어진다. 그러다 보니 막연한 불안감에 아이를 위한 투자를 멈추지 않고, "이건 다 너를 위한 거야."라는 말과 함께 아이에게 노력하기를 강요한다. 그렇지만 스스로 계획하는 미래가 아니라 남이 세운 미래를 위해 아이가 얼마나 절제할 수 있겠는가. 코르차크의 주장대로 아이들은 현재를 살아갈 권리가 있다.

자기 모습대로 있을 어린이의 권리

코르차크는 어른들이 그들의 바람대로 아이를 이상적인 인간으로 만들려는 노력을 비판하면서 어린이에게는 자기 모습대로 있을 권리가 있다고 주장했다.

당신은 "그 아이는 누구처럼 돼야 해. 무엇이 되길 바라."라고 말한다. 그러면서 아이가 닮아야 할 모범을 찾고, 아이에게 바라는 삶의 모습을 찾는다. 평범함이 존재하고, 그 평범함이 모든 것을 아우르고 있다는 것은 중요하지 않다.[85]

소아과 병원에 가보면 개월 수에 따라 평균 성장곡선이 그려져 있다. 그래프와 아이의 몸무게와 키를 비교하며 무엇이 부족한지 찾는다. 그러나 그 성장곡선 위에 고스란히 겹치는 신체를 가진 아이의 비율이 과연 얼마나 될까? 그런데도 많은 엄마는 아이의 성장이 조금이라도 평균에 미치지 못하면 어떻게든 평균에 가깝게 만들기 위해 애를 쓴다. 말하지 못하고 걷지도 못할 시기부터 평균보다 아주 조금이라도 뒤처져선 안 된다는 압박을 느끼는 것이다.

아이가 걷고 말하기 시작하는 적절한 시기는 언제일까? 그건 아이가 걷고 말할 때이다. 아이의 이는 언제 빠지기 시작할까? 그 일이 일어날 때이다. 두정골(頭頂

骨)은 때가 되면 굳는다. 아기는 필요한 만큼 잠을 자야
한다.[86]

코르차크는 의사 시절의 경험을 빌어 아이가 체중이
줄었다고 해서 억지로 먹인다면 위장장애가 생긴다고 말했
다. 아이가 원하는 만큼, 필요한 만큼 먹으면 체중은 자연스
럽게 조절된다는 것이다. 따라서 아픈 아이가 잘 먹어야 할
때도 일방적이고 강제적인 방법을 써서 먹일 것이 아니라,
식사 메뉴를 정할 때부터 아이가 참여하는 등 자연스러운
방법을 쓸 것을 조언한다. 이런 경험은 그의 교육관에도 영
향을 주었고, 교육이란 아이가 본연의 모습으로 살아가도록
돕는 것이라는 확신을 얻었다.

아이를 이해하기 위해 그 아이를 주의 깊게 관찰하는
대신 사람들은 '모범적인 아이' 한 명을 임의로 선택한
다. 그리고는 "자, 네가 닮아야만 하고, 되어야만 하는
모델이 여기 있어."라고 말하면서 자신만의 기준을 강
요한다.[87]

또 코르차크는 아이가 착한 것과 편한 것을 혼동하지

않도록 조심해야 한다고 말했다. 그는 사람들이 칭얼대거나 밤에 깨어 울지 않는 아이, 친절하고 밝은 아이를 '착한 아이'라고 생각하고, 아이들을 '착한 아이'로 키우기 위해서 노력하는 것에 반대했다. 그러면서 작금의 교육은 아이가 가진 본연의 모습은 무시한 채 개성과 기질을 억눌러 버리고 손이 덜 타는 아이로 키우려고만 한다고 지적한다.

> 오늘날의 모든 교육은 '쉬운' 아이를 기르는 데 고정되어 있다. 그것은 아이의 요구와 자유, 바라는 목표를 이루기 위한 의지력을 짓누르고 파괴한다. 아무 생각 없이 매너가 좋고 순종적이며 훌륭한 성품을 가진 '쉬운' 아이는, 다른 관점에서 볼 때 의지가 없고 삶에 무력하다는 사실을 인정해야 한다.[88]

많은 부모가 아이를 있는 그대로의 모습으로 보기보다 앞으로 이런 모습으로 자랐으면 하는 바람을 투영해 바라본다. 그러나 부모의 일방적인 기대와 달리 아이는 본연의 모습 그대로 인정받을 권리가 있다. 이런 이유에서 코르차크는 아이들을 위해서가 아니라, 어른들을 위한 교육이 지배하고 있는 현실을 비판하며 아이들이 '자기 모습대로 있을 권리'를 주장한다. 그러면서 보통은 무시되는 아이들의 모습까지 존중하라고 말한다.

> 지식의 부족함을 존중하라. … 배우는 노력을 존중하라! 좌절과 눈물을 존중하라! 찢어진 양말이나 깨진 유리잔이 아니라, 긁힌 무릎과 베인 손가락 그리고 푸른 멍 자국을 존중하라.[89]

그뿐만 아니라 아이들은 비밀을 가질 권리가 있으며, 이 역시 존중해야 한다고 말한다. 그러면서 아이들을 대할 때 어른들이 흔히 갖는 편견에 사로잡혔던 자신의 부끄러운 경험담을 털어놓았다.

> 한번은 아이들을 심하게 나무란 적이 있다. "구석에서 속삭이거나 교실에 숨어서 하는 비밀스러운 행동을 내가 그다지 좋아하지 않는다는 걸 알아야 해." 나의 꾸중에 돌아온 대답은 차분한 체념, 악의적인 적대감, 쓸데없는 명랑함이었다. 반성하지 않는 아이들의 태도는 나를 더 경계하게 했다. 나는 지독한 아이들이 꾸미는 몇 가지 교활한 음모를 의심했다. 나중에 알고 보니 그들

은 우리를 위한 깜짝파티를 어떻게 준비할지 모의하던 중이었다. 지금까지도 그때 내가 얼마나 터무니없이 분노했는지 생각하면 얼굴이 붉어진다.[90]

이 사건은 아이들이 어른들의 눈을 피해 몰래 숨어서 하는 일은 분명히 나쁜 일일 거라 속단한 데서 생긴 일이다. 아이들과 무척 가까웠던 코르차크도 이런 편견에서 완전히 벗어나지 못했다는 사실에 비추어볼 때 평소 우리가 아이들의 말에 귀 기울이지 않고 어른의 관점에서 그들의 행동을 판단하는 일이 얼마나 많은지 깨달을 수 있다. 코르차크의 말대로 아이들의 비밀은 존중받아야 한다. 게다가 그 비밀은 아이들을 돌보는 사람과의 신뢰를 보여주는 단서가 되기 때문에 더 소중하다.

이처럼 코르차크는 아이들은 어른과 마찬가지로 응당 누려야 할 권리를 가진 존재이므로 그들의 경험과 현재, 그리고 본연의 모습을 존중해야 한다고 강조했다. 여기에 덧붙여 아이의 물건도 존중할 것을 강조했는데, 이는 앞에서 '공감'을 설명할 때 이미 한 차례 언급한 적이 있다.

걸인조차 자신의 구호품을 원하는 대로 배치할 수 있으

나, 어린아이는 자기 소유의 물건이 하나도 없다. 아이는 자신이 값을 치르지 않은 모든 물건에 대해 항상 설명해야 한다.

아이는 그것을 찢거나 망가뜨리거나 더럽혀서는 안 된다. 또 남에게 선물로 주거나 맘대로 버려서도 안 된다. 아이는 오직 받아들이고 기뻐해야만 하는 존재이다. 모든 것이 적절하게 제자리에, 제시간에, 논리에 따라 그리고 목적에 따라 존재해야 한다(어쩌면 이것이 아이가 작고, 가치 없어 보이는 물건들을 소중히 여기며 놀라울 만큼의 애정을 보이는 이유일 수 있다. 결국, 줄, 상자, 빵 조각 같은 버림받은 물건들만이 아이의 유일하고 진실된 재산이자 보물이다).

그 대가로 아이는 굴복하고, 품행 단정하게 행동한다. 아이는 어른에게 부탁하고, 비위를 맞춰야 한다. 아이는 요구할 수 없다. 아이에게 속한 것은 아무것도 없다. 우리는 호의를 베풀어 아이가 원하는 것을 나눠준다.

가진 것이 없는 아이는 물질적 의존성에 빠진다. 그렇기 때문에 어른과 아이의 관계는 부패한다.[91]

　아이들은 어른과 다르다. 그들의 삶에는 무엇인가가 부

족하지만, 동시에 그들은 어른이 가지지 못한 무언가를 가지고 있다. 즉 아이는 가치에 있어서 어른과 동등한 존재이지만, 아이 특유의 감정과 생각 등 그들만의 고유함을 갖는다. 어른들은 쉽게 아이를 안다고 말하지만, 어른이 되면서 아이만이 갖는 고유성을 상실하기에 그들을 온전히 이해하기 어렵다. 그래서 코르차크는 슬기로운 교육자의 모습을 다음과 같이 설명한다.

> 슬기로운 교육자는 한 아이를 이해할 수 없는 것에 성내지 않고, 다른 아이들에 대해 계속 생각하고 연구하고 질문한다.[92]

코르차크는 아이들에 대한 깊은 이해와 이에 기초한 다양한 교육적 실천을 통해 아동 존중의 대명사가 되었다. 여기서 아동 존중의 구체적인 실천 방법인 어린이 신문과 어린이 법정 이야기를 빼놓을 수 없다. 지금이야 학교 신문, 학급 신문 같은 '어린이 신문'을 어디에서나 쉽게 찾아볼 수 있지만, 코르차크가 활동했던 시기에는 굉장히 혁신적인 시도였다.

1926년 코르차크는 《작은 평론》을 출간했다. 이것은 바르샤바에서 발행되는 일간지 《우리 평론》에 딸린 주간 신문이었다. 그 주간지는 전적으로 어린이를 위한 것으로 어린이들이 직접 만들었다. 폴란드 전역에서 어린이 기자들이 흥미로운 뉴스거리를 모으는 통신원으로 활약했다. 이것은 정기간행물 역사상 처음 있는 일이었다. 이 모험을 앞두고 코르차크는 미래의 독자들에게 이렇게 알렸다. "우리 신문은 학습자의 문제, 그리고 학교를 고려할 것이다. 그리고 아이들을 옹호하는 방향으로 편집할 것이다." 신문을 처음 발간할 당시 편집위원회에서 일하는 어른은 코르차크가 유일했다. 이후 전일제로 일하기 시작하면서 그의 비서 이고르 네베를리가 합류했다. 두 사람 외에 신문 제작에 참여하는 사람은 모두 아이들이었다. 아이들은 주제와 글, 관심사, 여러 곳에서 보내온 편지들과 요구사항들을 검토해 신문에 무엇을 실을지 의논하기 위해 일주일에 한 번씩 만났다. 이때 코르차크의 역할을 단순한 안내자 또는 조력자에 불과했다. 《작은 평론》은 정말 아이들의 손으로 만드는 작업물이었다. 이 어린이 신문은 전국적인 성공을 거두었고, 전쟁이 발발한 1939년까지 발행되었다.[93]

《작은 평론》은 코르차크와 소년 편집자, 소녀 편집자 한 명씩 총 세 명으로 시작한 어린이 신문이었다. 편지뿐만 아니라 열두 대의 전화로 폴란드 곳곳에서 제보를 받았다. 코르차크가 어린이 신문을 발행한 목적은 오로지 아이들을 위해서였다. 아이들의 말을 귀 기울여 듣지도, 공감해주지도 않던 시절에 시답잖아 보이는 이야기를 소중히 들어주고, 아이들의 고민에 대한 답변을 신문에 실어주는 것은 실로 놀라운 일이었다.

신문사에는 자전거를 사주기로 한 아빠가 약속을 지키지 않아 속상하다는 하소연이나 엄마가 만들어주신 옷을 입고 학교에 갔다가 놀림을 받았다는 사연을 담은 편지들이 쏟아졌다. 아이들은 자신의 불만이나 내밀한 이야기를 털어놓을 수 있는 신문에 열광했다. 부모들이 자녀들을 위해 신문을 사면서 1939년까지 총 15만 부가 인쇄됐다.

신문이라는 매체를 통해 아이들과 고민을 나누고, 그들의 목소리를 대변했던 경험은 이후 라디오 방송에서 아이들과 대화를 나누는 것으로 확장되었다. 어린이 신문은 아이들에게 자신의 속마음을 털어놓을 수 있는 공간을 마련해주고, 부모들에게는 아이들의 마음을 들여다보는 기회를 제공해주었다. 지금 봐도 아이들의 일상 이야기와 그들의 호소에 귀 기울여 주고, 그것을 신문이라는 매체를 통해 공유한 방식은 참 창의적이며 진취적이다. 아울러 아이들을 향한 깊은 사랑이 느껴지는 대목이기도 하다.

다음은 '어린이 법정'이다. 정의로운 공동체를 꿈꾸었던 코르차크는 보육원에 어린이 법정을 만들었다. 법체계를 체험하는 수준이 아니라 아이들이 판사가 되어 친구들의 잘잘못을 가리고 처벌까지 내리는 꽤 체계적이며 공신력을 갖춘 법정이었다. 판사는 다섯 명이었고, 피소되어 소송에 휘말리지 않은 아이 중에서 매주 새로 선정했다. 법정 서기는 선생님들이 맡았다. 누구나 어린이 법정에 피고인으로 설 수 있었는데, 교사라고 예외는 아니었다. 실제로 코르차크도 법정에 다섯 번 이상 불려갔고, 그중에 한 번은 사면권이 없는 처벌을 받았다. 또 코르차크는 어린이 법정의 구조와 업무를 정리해 법전으로 펴냈는데, 법전의 전문을 보면 법과 처벌에 관한 그의 철학을 엿볼 수 있다.

"나쁜 행동을 한 사람은 용서하는 것이 최선이다. 몰라서 한 일이라면 이제 알게 되었을 테고, 고의로 한 일이라면 앞으로는 더 조심할 것이다. … 그러나 법정은 완력을 휘두르는 자에게서 약자를 보호해 주어야 하며,

성실한 자가 무성의하고 게으른 자 때문에 피해를 보게 해서는 안 된다." [94]

어린이 판사들은 사실관계를 파악한 뒤 법전에 실린 조문을 자유롭게 인용하여 판결을 내렸다. 법전의 내용을 좀 더 자세히 살펴보면, 1조부터 99조까지는 경미한 위반을 다루었으며, 피고에게 완벽한 사면을 내리도록 규정했다. 100조는 '용서'에서 '꾸짖음'으로 넘어가는 경계로 사면이 허용되지 않았다. 조항들의 번호가 뒤로 갈수록 처벌도 엄해졌다. 200조에서 800조까지는 유죄판결을 받은 아이의 이름을 보육원 신문이나 게시판에 공고하거나, 일주일 동안 모든 특권을 제한하고 가족이나 친척을 보육원에 호출하도록 규정했다. 900조는 법정이 '희망을 포기'했다는 심각한 경고 문구를 담고 있었으며, 이때 피고는 본인을 변호해 줄 아이를 꼭 찾아야 했다. 최후의 조항인 공포의 1000조는 퇴소 판결이었다. 퇴소한 아이는 세 달 뒤 재입소를 신청할 수 있었지만, 자리가 비는 그날로 새 아이가 들어왔으므로 재입소가 실제로 이루어질 가능성은 거의 없었다. [95]

코르차크의 공동체 질서를 지탱하는 근간이라고 볼 수 있는 어린이 법정은 실제로는 순탄하게 운영되지 못했다. 한 동안 법정 운영을 중단한 적이 있을 정도였다. 어린이 법정을 비롯하여 그가 시도했던 수많은 교육적 실천이 모두 성공한 것은 아니지만, 코르차크는 실패를 두려워하지 않았다.

　　요즘 학교폭력이 심각한 사회 이슈로 떠오르고 있다. 학교폭력은 어떤 이유에서든 허용돼서는 안 되며, 엄격하게 대응해야 하는 사안인 게 맞다. 문제는 아이들 사이의 작은 다툼이 부모님 간의 큰 다툼으로 번질 때이다. 예전에는 담임선생님이 잘 화해시키고 중재하는 것으로 해결했던 일도 지금은 학교폭력으로 분류된다. 진단서가 없는 이상은 폭력의 강도까지 법으로 규정하고 있지 않다 보니, 학교폭력의 범위는 상당히 넓다. 사소한 다툼부터 심각한 괴롭힘까지 그 양상이 매우 다양하다. 그래서 어떨 땐 신고가 되었어도 아이들끼리 금방 화해하고 쉬는 시간에 같이 어울려 놀기도 한다. 하지만 부모님들 간에는 화해가 되지 않아서 교내에서 문제를 해결하지 못하고 상위 기관인 교육청까지 가는 사례도 있다. 아이들의 다툼이지만 어른들이 모든 것을 조사하고 판단하고 처분을 내린다. 이럴 때 만약 학교에 어린이 법정이 있었다면 어땠을까 하는 상상을 해본다. 분명한 건 아이들이 생각해서 결정할 부분도 있다는 것이다. 그리고 아이들은 그럴 능력이 충분히 있다.

아이들은 교사의 말이나 행동이 모순적일 때 놀랄 정도로 빨리 알아차리고, 교사가 자신들을 사랑하는 척할 때 그것에 오래 속지 않는다. 그리고 기계적으로 가르치는 교사를 진심으로 받아들이지 않는다.

학교에서 자주 듣고, 진심으로 체감하는 말 중 하나는 '아이들은 교사 등 뒤에서 배운다'라는 것이다. 우리는 아이들에게 말로 가르치지만, 아이들은 행동을 보고 배운다. 선생님의 말보다는 행동, 행동보다는 사랑을 배운다. 많은 지식을 가르치는 선생님보다는 '나'를 진심으로 대하고 내가 '나'일 수 있도록 존중해주신 선생님을 오래도록 기억한다.

지식에 배려를 더한 것이 바로 교육학적 지식이다.[96]

이 표현만큼 코르차크의 가르침을 잘 설명하는 말이 있을까. 아이들을 대할 때 이방인을 대하듯 조심스럽고 친절하게 다가섰던 코르차크. 전쟁과 죽음의 위협에도 늘 아이들과 동행하며, 아동 존중에 목소리를 높였던 그의 삶과 교육적 실천을 따라가다 보면 '교육자로서 어떤 모습으로 아이들과 만날 것인가?' 하는 물음에 대한 답을 구할 수 있을 것이다.

Modlitwa wychowawcy [97]

Nie niosę Ci modłów długich, o Boże.

Nie ślę westchnień licznych···.

Nie biję niskich pokłonów, nie składam ofiary bogatej ku czci

Twej i chwale.

Nie pragnę wkraść się w Twą możną łaskę, nie zabiegam o

dostojne dary.

Myśli moje nie mają skrzydeł, które by pieśń niosły w niebiosa.

Wyrazy moje nie mają barwy ani woni, ani kwiatoów.

Znużony jestem i senny.

Wzrok moój przyćmiony, a grzbiet pochylony pod ciężarem

wielkim obowiązku.

A jednak prośbę serdeczną zaniosę, o Boże.

A jednak klejnot posiadam, ktoórego nie chcę powierzyć bratu –

człowiekowi.

Obawiam się, że człowiek nie zrozumie, nie odczuje, zlekceważy,

wyśmieje.

Jeżeli jestem szarą pokorą wobec Ciebie, Panie, to w prośbie mej staję przed Tobą – jako płomienne żądanie.

Jeśli szepcę cicho, to prośbę tę wygłaszam głosem nieugiętej woli.

Wzrokiem nakazu strzelam ponad chmury.

Wyprostowany żądam, bo już nie dla siebie.

Daj dzieciom dobrą dolę, daj wysiłkom ich pomoc, ich trudom błogosławieństwo.

Nie najłatwiejszą prowadź ich drogą, ale najpiękniejszą.

A jako prośby mej zadatek przyjmij jedyny mój klejnot: smutek.

Smutek i pracę.

27 IV 1920 r.

Janusz Korczak

교육자의 기도

오 하나님, 저는 당신께 긴 기도를 드리지 않습니다.

많은 한숨을 보내지 않습니다….

나는 당신의 존귀와 영광을 위하여 몸을 굽히지 않으며

풍성한 제사를 드리지 않습니다.

나는 당신의 크신 은혜를 훔치고 싶지 않으며 고귀한 선물을

구하지 않습니다.

내 생각에는 찬양을 하늘로 가져다줄 날개가 없습니다.

내 말에는 색깔도 없고 향기도 없고 꽃도 없습니다.

나는 피곤하고 졸립니다.

내 시력은 흐려지고, 내 등은 막중한 의무에 짓눌려 굽어

있습니다.

하지만 오 하나님, 나는 진심으로 간청합니다.

나에게는 형제에게 맡기고 싶지 않은 보석이 하나 있는데,

바로 사람입니다.

나는 사람들이 이해하지 못하고, 느끼지 않고, 무시하고, 웃지

않을까 두렵습니다.

나는 주님 앞에 보잘것없는 사람이지만, 주님 앞에 서는 것은
나의 불같은 요청입니다.

내가 부드럽게 속삭인다면, 이것은 내 불굴의 의지를 담은
목소리로 간청하는 것입니다.

지휘하는 눈으로 구름 위로 쏘아 올립니다.

나는 올곧게, 더는 나 자신을 위한 게 아닌 것을 요구합니다.

아이들에게 행운을 주고, 그들의 노력에 도움을 주고, 그들의
고난에 축복을 주소서.

가장 쉬운 길이 아닌 가장 아름다운 길로 그들을 이끌어주소서.

그리고 내 기도의 서약으로 나의 유일한 보석인 슬픔을 받아
주소서.

슬픔과 일.

1920년 4월 27일

야누시 코르차크

연표로 보는 코르차크의 생애

1878년 (또는 1879년) 폴란드 바르샤바 출생, 본명 헨리크 골트슈
        미트.

1890년 아버지 정신병원 입원.

1896년 아버지 사망. 가정교사로 일함.

1898년 야누시 코르차크라는 필명을 사용. 의학 공부 시작.

1901년 소설 《거리의 아이들》 발표.

1905년 의사 자격 획득. 러일전쟁에 러시아군 군의관으로 징병됨.

1906년 바르샤바에서 가난한 아이들을 위한 병원에서 일함.

1907년 150명의 유대인 소년들 중 30명을 맡아 3주간의 여름 캠
        프에 참가함. 유럽에서 1년 머무름. 베를린을 방문하여
        소아과 수련.

1908년 스위스 취리히 신경과 병원에서 1개월 인턴.
        여름캠프 4주 참가.

1909년 제정 러시아가 폴란드 지식인을 탄압하면서 2개월 옥살
        이함.

1910년 파리에서 6개월 소아과 수련.

1911년 6월 돔 시에로트(고아들의 집) 착공식에 참석함.

영국 방문.

1912년 10월 빈민가 크로흐말나 거리 92번지에 돔 시에로트 개원(7~14세 유대인 아이들을 수용함).

1914년 독일과 오스트리아헝가리제국이 일으킨 1차 세계대전에 참전한 러시아 군대에 4년간 동원됨. 전쟁 중《아이를 사랑하는 법》집필.

1915년 우크라이나 수도 키이우의 적십자 보육원을 방문.

1917년 키이우 재방문, 시립보호소 세 곳의 소아과 보조의로 근무. 몬테소리유치원 방문 및 수업 참관.

1919년 나쉬 돔(우리들의 집) 보육원 운영. 폴란드군 예비역 소령으로 복무.《어린이를 사랑하는 법》출간.

1921년 보육원 아이들과 '꼬마장미 여름캠프'를 가기 시작함.

1924년 국제연맹총회〈아동인권선언〉발표.

1925년 《다시 아이가 된다면》발표.

1926년 《작은 평론》창간.

1928년 《아이의 존중받을 권리》,《인생의 규칙》발표.

나쉬 돔 이전.

1933년 폴란드 부흥 은십자훈장 수훈.

1934년 9월 폴란드의 '소수민족 보호조약' 폐기.

폴란드 라디오에서 〈노의사의 라디오 정담〉이라는 어린이를 위한 프로그램을 진행함.

1936년 2월 27일 유대인이라는 이유로 라디오 방송에서 하차. 여름 6주간 팔레스타인 방문. 나쉬 돔과 교류 멈춤.

1937년 11월 4일 폴란드학술원에서 수여하는 '황금월계수상' 수상. 5월에 팔레스타인으로 떠날 예정이었으나 아이들을 두고 떠나는 것은 양심이 허락하지 않는다고 하며 떠나지 못함.

1938년 스테파 팔레스타인 이민.

1939년 독일군이 폴란드를 침공하여 제2차 세계대전이 시작됨. 소련군이 폴란드로 진격하는데도 위험을 무릅쓰고 폴란드 장교복을 항상 착용함. 스테파 귀국.

1940년 10월 12일 바르샤바에 유대인 게토 이주 선언(11월 30일 이주 마감일). 돔 시에로트가 게토 안으로 강제 이전. 감자 수레 압수에 항의하다가 1개월 옥살이함.

1941년 아이들을 먹일 식량을 찾아다님.

1942년 2월 9일 지엘나 거리 39번지에 위치한 공공보호소 소장을 맡음. 5월 게토에서 일기를 쓰기 시작함.

7월 18일 연극 〈우체국〉 공연.

7월 22일 트레블링카 수용소로 강제 이송 시작.

8월 6일 게토에서의 마지막 행진. 200명 남짓한 아이들과

어른 10명이 트레블링카행 기차에 오름. 실종.

사후 기록

1924년   제네바국제연맹회의 〈아동권리선언〉 발표.

1957년   《게토 일기(Ghetto Diary)》 출판.

1959년   국제연합총회 〈아동권리선언〉 발표.

1978년   폴란드 정부가 코르차크 사상에 기초하여 〈아동권리협
          약〉을 위한 초안을 국제연합 인권위원회에 제출.

1978년   국제연합에서 코르차크 탄생 100주년을 기념하여 그해
~1979년   를 '아동의 해', '야누시 코르차크의 해'로 선포.

1989년   국제연합총회에서 〈아동권리협약(United Nations Conven
          tion on the Rights of the Child)〉을 만장일치로 채택.

주(註)

1   Janusz Korczak(2003), **Ghetto diary**, New Heaven: Yale University Press. p.

2   Janusz Korczak, Joseph Sandra(Ed.)(2007), **Loving Every Child: Wisdom for Parents**, North Carolina: Algonquin Books of Chapel Hill. p.82-84

3   Betty Jean Lifton(1988), **The king of children,** New York: Schocken Books. p.81

4   Janusz Korczak, Joseph Sandra(Ed.)(2007), **Loving Every Child:** Wisdom for Parents, North Carolina: Algonquin Books of Chapel Hill. p.79-80

5   앞의 책과 같음. p.81

6   Rabindranath Tagore, 《Gitanjali/The Post Office》, 유페이퍼(2019)

7   Betty Jean Lifton(1988), **The king of children,** New York: Schocken Books. p.4

8   베티 진 리프턴, 《아이들의 왕 야누시 코르차크》, 홍한결 옮김, 양철북(2020). p.55

9   앞의 책과 같음. P.99

10   참고: 앞의 책과 같음. p.235

11   한스 쇼이얼, 안드레아스 플리트너, 《사유하는 교사》, 송순재 옮김, 내일을여는책(2012). P.40-42

12   이은경(2000), 〈야누쉬 코르착(Janusz Korczak)의 교육사상 연구〉

13   이자벨 콜룽바, 《야누시 코르차크: 어린이도 어른과 똑같은 권리가 있다》, 권지현 옮김, 북콘(2014), p.33-34

14   Janusz Korczak, Joseph Sandra(Ed.)(2007), **Loving Every Child: Wisdom for Parents**, North Carolina: Algonquin Books of Chapel Hill. p.31

15   이보나 흐미엘레프카, 《블룸카의 일기》, 이지원 옮김, 사계절(2012)

16   김신애(2008), 〈Janusz Korczak의 영성적 교육사상 이해〉

17   Janusz Korczak, Joseph Sandra(Ed.)(2007), **Loving Every Child: Wisdom for**

Parents, North Carolina: Algonquin Books of Chapel Hill. p.25

18 앞의 책과 같음. p.26

19 Janusz Korczak, *Prawo Dzlecka do Szacunku.* Trans. Kulawiec, E. P.(1992), **WHEN I AM LITTLE AGAIN and THE CHILD'S RIGHT TO RESPECT,** Lanham: University Press of America. p.49, 52

20 Janusz Korczak, Joseph Sandra(Ed.)(2007), **Loving Every Child: Wisdom for Parents,** North Carolina: Algonquin Books of Chapel Hill. p.27

21 M. Wolins(Ed.)(1967), **Selected works of Janusz Korczak,** Warsaw: Scientific Publications Foreign Cooperation Center of the Central Institute for Scientific, Technical and Economic Information of Warsaw. p.294

22 Betty Jean Lifton(1988), **The king of children**, New York: Schocken Books. p.34

23 베티 진 리프턴, 《아이들의 왕 야누시 코르차크》, 홍한결 옮김, 양철북(2020). p.204

24 Janusz Korczak, *Prawo Dzlecka do Szacunku.* Trans. Kulawiec, E. P.(1992), **WHEN I AM LITTLE AGAIN and THE CHILD'S RIGHT TO RESPECT,** Lanham: University Press of America. p.47

25 필립 메리외 지음, 페프, 쥬느비에브 페리에 그림, 《야누시 코르차크: 어린이의 영원한 친구》, 도토리숲(2022). p.30

26 M. Wolins(Ed.)(1967), **Selected works of Janusz Korczak,** Warsaw: Scientific Publications Foreign Cooperation Center of the Central Institute for Scientific, Technical and Economic Information of Warsaw. p.322

27 송순재·고병헌·황덕명 엮음, 《영혼의 성장과 자유를 위한 교사론: 아무도 훌륭한 교사를 잊지 않는다》, 내일을여는책(2014). p.184

28 M. Wolins(Ed.)(1967), **Selected works of Janusz Korczak,** Warsaw: Scientific Publications Foreign Cooperation Center of the Central Institute for Scientific, Technical and Economic Information of Warsaw. p.352

29 앞의 책과 같음. p.273

30 M. Wolins(Ed.)(1967), *Selected works of Janusz Korczak*, Warsaw: Scientific Publications Foreign Cooperation Center of the Central Institute for Scientific, Technical and Economic Information of Warsaw. p.87

31 앞의 책과 같음. p.182-183

32 Janusz Korczak(2003), *Ghetto diary*, New Heaven: Yale University Press. p.25

33 M. Wolins(Ed.)(1967), *Selected works of Janusz Korczak*, Warsaw: Scientific Publications Foreign Cooperation Center of the Central Institute for Scientific, Technical and Economic Information of Warsaw. p.159

34 앞의 책과 같음. p.237

35 앞의 책과 같음. p.187

36 Betty Jean Lifton(1988), *The king of children*, New York: Schocken Books. p.48

37 M. Wolins(Ed.)(1967), *Selected works of Janusz Korczak*, Warsaw: Scientific Publications Foreign Cooperation Center of the Central Institute for Scientific, Technical and Economic Information of Warsaw. p.318

38 앞의 책과 같음. p.355

39 앞의 책과 같음. p.248

40 앞의 책과 같음. p.258

41 앞의 책과 같음. p.377

42 Janusz Korczak(2003), *Ghetto diary*, New Heaven: Yale University Press. p.106-107

43 Betty Jean Lifton(1988), *The king of children*, New York: Schocken Books. p.153

44 닐 셀윈, 《로봇은 교사를 대체할 것인가?》 정바울 외 옮김, 에듀니티(2022). p.140

45 Janusz Korczak(2003), *Ghetto diary*, New Heaven: Yale University Press. p.91

46 Betty Jean Lifton(1988): 최민혜(2011), 〈야누쉬 코르착의 교육자로서의 삶이 현대 초등교사의 역할에 주는 함의〉에서 재인용.

47 Janusz Korczak(2018), *HOW TO LOVE A CHILD AND OTHER SELECT-ED WORKS VOLUME 1,* Vallentine Mitchell. p.278

48 앞의 책과 같음. p.256

49 앞의 책과 같음. p.260

50 앞의 책과 같음. p.264

51 앞의 책과 같음. P.289-290.

52 Janusz Korczak(2003), *Ghetto diary,* New Heaven: Yale University Press. p.28

53 앞의 책과 같음. P.9-10

54 앞의 책과 같음. P.10

55 앞의 책과 같음. P.19

56 앞의 책과 같음. p.12-13

57 앞의 책과 같음. p.113-115

58 Janusz Korczak(2018), *HOW TO LOVE A CHILD AND OTHER SELECT-ED WORKS VOLUME 1,* Vallentine Mitchell. p.298

59 Janusz Korczak(2003), *Ghetto diary,* New Heaven: Yale University Press. p.55-56

60 앞의 책과 같음. p.59-60

61 M. Wolins(Ed.)(1967), *Selected works of Janusz Korczak,* Warsaw: Scientific Publications Foreign Cooperation Center of the Central Institute for Scientific, Technical and Economic Information of Warsaw. p.322

62 앞의 책과 같음. P.272

63 앞의 책과 같음. P.273

64 앞의 책과 같음. P.301

65 앞의 책과 같음. P.325

66 야누쉬 코르착, 《어떻게 아이들을 사랑해야 하는가》, 송순재·안미현 옮김, 내일을여는책(2000). p.109

67 이보나 흐미엘레프카, 《블룸카의 일기》, 이지원 옮김, 사계절(2012)

68 Janusz Korczak(2003), *Ghetto diary,* New Heaven: Yale University Press. p.76

69 앞의 책과 같음. p. x v

70 강무홍 지음, 최혜영 그림, 《천사들의 행진》, 양철북(2008). p.27

71 Betty Jean Lifton(1988), *The king of children,* New York: Schocken Books. p.145

72 M. Wolins(Ed.)(1967). *Selected works of Janusz Korczak.* Warsaw: Scientific Publications Foreign Cooperation Center of the Central Institute for Scientific, Technical and Economic Information of Warsaw. p.328

73 베티 진 리프턴, 《아이들의 왕 야누시 코르차크》, 홍한결 옮김, 양철북(2020). p.458

74 M. Wolins(Ed.)(1967), *Selected works of Janusz Korczak,* Warsaw: Scientific Publications Foreign Cooperation Center of the Central Institute for Scientific, Technical and Economic Information of Warsaw. p.188-189

75 앞의 책과 같음. p.212

76 앞의 책과 같음. p.131-132

77 베티 진 리프턴, 《아이들의 왕 야누시 코르차크》, 홍한결 옮김, 양철북(2020). p.241

78 Janusz Korczak, *Prawo Dzlecka do Szacunku.* Trans. Kulawiec, E. P.(1992), *WHEN I AM LITTLE AGAIN and THE CHILD'S RIGHT TO RESPECT,* Lanham: University Press of America. p.178

79 M. Wolins(Ed.)(1967), *Selected works of Janusz Korczak,* Warsaw: Scientific Publications Foreign Cooperation Center of the Central Institute for Scientific, Technical and Economic Information of Warsaw. p.299

80 앞의 책과 같음.p. 165

81 앞의 책과 같음.p. 134

82 이은경(2000), 〈야누쉬 코르착(Janusz Korczak)의 교육사상 연구〉

83 정기섭, 《아동존중의 교육학》, 문음사(2002). P.51

84 M. Wolins(Ed.)(1967), *Selected works of Janusz Korczak,* Warsaw: Scientific Publications Foreign Cooperation Center of the Central Institute for Scientif-

ic, Technical and Economic Information of Warsaw. p.133

85 앞의 책과 같음. p.88

86 앞의 책과 같음. p.217

87 앞의 책과 같음. p.94

88 앞의 책과 같음. p.95-96

89 Janusz Korczak, *Prawo Dzlecka do Szacunku*. Trans. Kulawiec, E. P.(1992),
    WHEN I AM LITTLE AGAIN and THE CHILD'S RIGHT TO RESPECT,
    Lanham: University Press of America. p.176-177

90 M. Wolins(Ed.)(1967), ***Selected works of Janusz Korczak,*** Warsaw: Scientific
    Publications Foreign Cooperation Center of the Central Institute for Scientif-
    ic, Technical and Economic Information of Warsaw. p.293-294

91 Janusz Korczak(2018), ***HOW TO LOVE A CHILD AND OTHER SELECT-
    ED WORKS VOLUME 1,*** Vallentine Mitchell. p.310-311

92 M. Wolins(Ed.)(1967), ***Selected works of Janusz Korczak,*** Warsaw: Scientific
    Publications Foreign Cooperation Center of the Central Institute for
    Scientific, Technical and Economic Information of Warsaw. p.275

93 Janusz Korczak, *Prawo Dzlecka do Szacunku*. Trans. Kulawiec, E. P.(1992),
    WHEN I AM LITTLE AGAIN and THE CHILD'S RIGHT TO RESPECT,
    Lanham: University Press of America. p. x v - x vi.

94 베티 진 리프턴, 《아이들의 왕 야누시 코르차크》, 홍한결 옮김, 양철북(2020).
    p.215

95 참고: 앞의 책과 같음. P.216-217

96 Max van Manen, 《가르친다는 것의 의미》, 정광순·김선영 옮김, 학지사(2012).
    p.16

97 Janusz Korczak, ***Sam na sam z Bogiem: Modlitwy tych, którzy się nie,***
    RZECZNIK PRAW DZIECKA(2018)

야누시 코르차크 아이들을 편한 길이 아닌 아름다운 길로 이끌기를

지은이 | 최민혜
펴낸이 | 곽미순   책임편집 | 박미화   디자인 | 김민서

펴낸곳 | ㈜도서출판 한울림   편집 | 윤도경 윤소라 이은파 박미화
디자인 | 김민서 이순영   마케팅 | 공태훈   경영지원 | 김영석
출판등록 | 1980년 2월 14일(제2021-000318호)
주소 | 서울특별시 마포구 희우정로16길 21
대표전화 | 02-2635-1400   팩스 | 02-2635-1415
블로그 | blog.naver.com/hanulimkids   인스타그램 | www.instagram.com/hanulimkids

첫판 1쇄 펴낸날 | 2023년 10월 10일
ISBN 978-89-5827-147-5 03370